四書 心鏡
사서 심경

고전의 지혜로 밝히는
마음의 거울

四書心鏡
사서심경

김재욱 엮음

스토리두잉

서문

책을 읽는 사람치고 '격언집' 한두 권을 읽지 않은 사람은 드물지 않을까 한다. '격언집'은 역사적으로 훌륭하다는 평가를 받은 사람이나 현재까지 가치를 인정받는 책에서 핵심을 뽑아 수록했기 때문에 거부감 없이 받아들이기 쉽고, 길이도 비교적 짧은 책이 많아서 읽기에 편하므로 독자에게 꾸준히 사랑을 받아왔기 때문이다.

    사실 나는 예전엔 이런 종류의 책을 좋아하지 않았다. 배경지식 없이 격언만 나열되어 있는데다 내용도 어찌 보면 '당연한 소리'에 불과하다는 생각이 들기도 했다. '착하게 살아라', '노력해라', '남을 배려하라'는 말은 반드시 훌륭한 사람이 아니라도 누구나 할 수 있는 말이 아닌

가? 다 읽고 나서는 '말은 좋네. 그런데 어쩌라고?' 하며 속으로 비웃은 적도 있었다.

나는 한문학을 전공했다. 당연히 원문 독해력을 지녀야 하는데 동년의 친구들보다 공부를 늦게 시작해서 실력 차이가 꽤 났다. 나름대로 열심히는 했지만, 친구들도 그만큼 열심히 했기 때문에 격차를 줄일 수가 없었다. 자책을 하던 중 우연히 『중용』 20장을 읽다가 "만약 남이 나보다 뛰어나서 한 번 만에 잘하게 되었다면 나는 백 번을 노력하고, 남이 열 번 만에 잘하게 되었다면 나는 천 번을 노력해야 한다"는 글을 접하게 됐다. 내가 좋아하지 않는 '당연한 소리'인데 자책하는 마음 대신 용기가 생기기 시작했다. 이후 나는 친구들과 격차를 생각하며 좌절하거나 자책하는 대신 내 공부를 잘하기 위해 노력했다.

동시에 결국 사람의 마음을 움직이고, 실천을 하게 만드는 힘은 무언가 특별한 말이 아닌 저런 당연한 소리에서 나온다는 걸 알게 되었다. 이후 적지 않은 수의 격언집을 읽으면서 지혜를 얻거나 위로를 받았다. 자연스레 그간 격언집이나 그 책을 쓴 저자나 역자에 대한 생각도 바뀌었다.

학위를 받고 교양서를 쓰면서부터는 '나도 이런 책을 써 보고 싶다'는 생각을 지니게 됐다. 시간을 보내면서 그 생각을 조금씩 구체화했고, 결국 유학의 기본서인 『사서(四書)』를 가지고 책을 써 보리라 마음먹었다. 그리고 격언집은 누군가의 삶을 바꾸거나 풍요롭게 할 수 있다는 점과 격언집을 쓰는 일이 결코 쉽지 않은 작업이라는 사실을 이 책을 쓰면서 알게 되었다.

『사서』, '네 권의 책'은 『논어(論語)』, 『맹자(孟子)』, 『대학(大學)』, 『중용(中庸)』을 가리킨다. 이 중 『대학(大學)』과 『중용(中庸)』은 각각 『예기(禮記)』의 한 편이었는데, 송나라 유학자들이 『예기』에서 분리해서 별도의 책으로 엮었다. 이후 남송(南宋)의 주희(朱熹, 1130-1200)가 선배 학자들의 뒤를 이어 『대학』과 『중용』의 내용을 다시 정리하고 주석을 달아서 『대학장구(大學章句)』와 『중용장구(中庸章句)』를 엮은 뒤 기존의 『논어』·『맹자』를 합해 '『사서』'라고 불렀다. 이후 현재까지 『사서』라는 말이 통용되고 있다.

주희가 집대성한 성리학(性理學)을 받아들인 조선의 유학자들은 『사서』를 주희의 해석에 따라 읽었다. 현재의 학자들이나 대중은 반드시 주희의 주석을 따르지는 않고 있지만, 여전히 주희의 영향력은 매우 크다고 말할 수 있다. 나 역시 주희의 주석을 통해 『사서』를 배웠기 때문에 그 영향에서 자유로울 수는 없다. 그러나 그간 공부하면서 주희 이전과 이후에 나온 주석서를 읽으며 내 나름대로 『사서』를 이해하려 노력했고, 그 결과를 이 책에 담아보려 했다. 따라서 나의 번역 안에는 주석서와 나의 해석이 공존한다고 말할 수 있다. 번역한 글마다 그에 맞는 근거가 있다는 뜻이다.

『논어』는 위(魏)나라 하안(何晏, ?-249)과 송나라의 형병(邢昺, 932-1010)의 해석을 수록한 『논어주소(論語注疏)』와 주희의 『논어집주』를 참고했으며, 『맹자』는 주희의 주석과 청(淸)나라 초순(焦循, 1763-1820)이 엮은 『맹자정의(孟子正義)』를 주로 참고했고, 필요에 따라 조선의 정약용(丁若鏞, 1762-1836)의 『맹자요의(孟子要義)』도 간간이 살펴보았다. 『대학』과 『중용』은 역시 주희의 주석과 한나라 정현(鄭玄, 127-200), 당나라 공영달(孔穎達, 574-648)의 해석이 수록된 『예기정의(禮記正義)』를 참고하였다.

이 책은 사서를 읽으면서 현대를 살아가는 우리가 읽을 만하다고 판단한 문장을 뽑아서 번역한 책이다. 사람마다 생각이 다르기 때문에 내 판단에 동의하지 않는 면이 있더라도 해량하시고 참고하는 선에서 읽어주셨으면 한다. 특히 『논어』 부분을 읽을 때는 기존과 조금 다른 해석이 눈에 띄고, 문장 길이도 길어서 생소한 느낌이 들 수도 있다. 원문 번역을 쓰면서 주석의 내용과 내 해석을 함께 붙였기 때문에 그렇게 볼 수 있다. 이 점 살펴주시길 바란다.

나는 현대의 한국인 중 다수가 유학을 낡은데다 권위적인 학문으로 취급하고, 유학자 또는 유학을 좋아하는 사람을 이른바 '꼰대'로 여긴다는 사실을 알고 있으며, 나 역시 이런 인식 또는 평가에 동의하는 편이다. 그러나 동시에 유학은 남과 관계를 맺고 유지하는 데 필요한 태도와 갈등을 해결하는 방식을 알려주고, 마음을 다스리는 데에도 도움을 주는 측면도 있다는 점 또한 잘 알고 있다. 유학은 여러 학문 분야 중 하나일 뿐이므로 반드시 유학의 가르침대로 살아야 할 필요는 없지만, 참고하거나 실천할 만한 내용도 있다고 보고 있다. 편하게 읽어 내려가다 보면 분명히 얻는 것이 있으리라 믿는다.

그간 한문학 분야의 대중 교양서를 쓰면서 여러 독자에게 들었던 말이 있다. 본문에 한문을 써 놓으면 읽지도 못할뿐더러 글자 때문에 오히려 읽는 데 방해가 된다는 것이었다. 독자의 의견에 따라 본문에는 한문을 노출하지 않고, 오로지 한글 번역만 실어두었다. 한문 원문은 책의 말미에 일괄적으로 실어두었으니 참고하시기 바란다.

많지 않은 내용을 담았지만, 많은 분의 가르침과 격려를 받으며 글을 썼다. 면식은 없지만, 좋은 번역으로 공부의 길을 밝혀 주신 한국고전번역원과 전통문화연구회의 역자 선생님들의 노고에 감사드린다. 나의 자잘한 질문에 자상히 답해주고 대화를 나눠준 고려대학교 철학과 이찬 교수, 지금껏 이 길에서 공부하며 글을 쓸 수 있도록 가르쳐 주고, 용기를 준 고려대학교 한문학과 송혁기 교수, 원고 작성 과정에서 모든 글을 읽고 의견을 내준 아내와 네 명의 딸아이, 고교시절 문예부 연합 동아리 '걷자' 동기들에게도 감사의 마음을 전한다.

깊어가는 가을, 이 작은 책이 독자의 마음에 닿기를 소망한다.

2025년 11월
김재욱 씀

차례

서문 · 04

1장 논어 論語

논어 소개글 · 20

참된 사람은 꾸미지 않는다 · 24 | 매일 생각하는 일 세 가지 · 25 | 무슨 일이든 선은 넘지 말아야 한다 · 26 | 배우는 사람의 바람직한 자세 · 27 | 더 나은 사람이 되려면 · 28 | 자기중심적 생각에서 벗어나야 인정받는다 · 29 | 위정자는 덕으로 정치를 해야 한다 · 30 | 처벌이 능사가 아니다 · 31 | 건강을 지키는 것도 효도 · 32 | 부모 앞에서 편한 표정을 짓는 것이 효도 · 33 | 행동의 의도와 좋아하는 것을 살피면 상대를 알 수 있다 · 34 | 스승이 되는 방법 · 35 | 여러 분야를 폭넓게 받아들여라 · 36 | 말과 행동이 부합해야 좋은 사람 · 37 | 마음에 맞지 않는 사람과도 잘 지내야 원만한 사람 · 38 | 공부할 때 버려야 할 태도 · 39 | 모르는 건 모른다고 해야 한다 · 40 | 돈과 지위를 얻으려면 말실수와 후회할 일을 줄여라 · 41 | 아랫사람을 따르게 하려면 · 42 | 일상생활이 정치다 · 43 | 예절의 본질 · 44 | 머리만 좋은 사람보다 성정이 인자한 사람이 더 낫다 · 45 | 정도를 버리지 않아야 사람의 자격이 있다 · 46 | 이상을 추구하는 자세 · 47 | 옳은 길을 찾아 그 길을 따라갈 뿐 ·

48 | 이익만 챙기는 사람에게는 적이 많다· 49 | 자리를 얻을 자격과 남이 알아줄 능력을 갖추도록 노력해야 한다· 50 | 좋은 사람이 되려는 자세· 51 | 부모의 나이를 떠올리는 이유· 52 | 존경받고 싶으면 말을 아껴라· 53 | 좋은 친구를 얻으려면 바른 마음으로 상대를 대하라· 54 | 섣부른 충고는 관계를 망친다 · 55 | 말재주가 있는 사람은 미움을 받기 쉽다 · 56 | 자리를 얻기 전에 생각해야 할 일· 57 | 욕심이 없어야 강직할 수 있다 · 58 | 좋은 시호 '문(文)'을 받은 이유 · 59 | 관계를 잘 유지하려면· 60 | 남의 잘못을 마음에 담아두지 마라· 61 | 남을 가식적으로 대하는 것은 스스로에게 부끄러운 일· 62 | 정치를 맡길 만한 사람· 63 | 포기보다 좋지 않은 것· 64 | 칭찬받을 만한 행동· 65 | 내면과 외면이 조화를 이뤄야 한다 · 66 | 공부의 성과를 얻으려면· 67 | 머리 좋은 사람과 차분한 사람의 속성 · 68 | 공자의 네 가지 걱정거리· 69 | 발전하는 학생이 되려면 · 70 | 정당한 방법을 고수하는 까닭 · 71 | 곤궁함 속에서도 즐거움을 얻을 수 있다 · 72 | 말과 행동을 배우는 일에는 정해진 선생이 없다 · 73 | 찾아온 사람에게 굳이 모질게 대할 것까지는 없다 · 74 | 그래도 사치보다는 검소함이 낫다 · 75 | 나쁜 성정은 좋은 재능을 가린다 · 76 | 남의 일에 참견하지 않는다 · 77 | 열심히 배우고 복습해

야 하는 이유·78 | 포기하지 않아야 결실을 얻는다·79 | 어떻게 해줄 수 없는 사람·80 | 사람의 진면목이 드러나는 때·81 | 삶에 충실해야 한다·82 | 남의 기분을 상하지 않게 결점을 바로잡는 방법·83 | 현명한 사람은 험담을 즉시 받아들이지 않다·84 | 백성이 가난한데 나라가 풍족한 경우는 없다·85 | 나를 발전시키는 방법·86 | 좋은 사람의 조건·87 | 정치를 하려면 먼저 내 마음을 바르게 해야 한다·88 | 나를 다스리는 세 가지 방법·89 | 상대가 받아들이지 않으면 충고하지 마라·90 | 좋은 정치를 위해 필요한 일 세 가지·91 | 윗사람이 솔선수범해야 하는 이유·92 | 대중은 정직하지 않은 정치인을 따르지 않는다·93 | 내 영향력을 넓히고 싶다면·94 | 성과를 내는 데 방해가 되는 행동·95 | 현명한 사람과 어리석은 사람의 차이·96 | 착한 사람을 알아보는 법·97 | 사회가 혼란스러울 때는 말을 공손하게 해야 한다·98 | 가난한 사람의 어려움에 공감해야 한다·99 | 현명한 사람은 남의 마음을 미리 알려고 하지 않는다·100 | 먼저 실행해보고 말을 하는 것이 좋다·101 | 현재에 안주하지 마라·102 | 나와 남 모두에게 도움이 되는 태도·103 | 어떻게 할 수 없는 사람·104 | 좋은 결과를 얻을 수 없는 사람·105 | 윗사람에게 필요한 덕목·106 | 일을 할 때 명심해야 하는 것·107 | 사

람은 직접 만나보고 판단해야 한다·108 | 말은 수단일 뿐이다·109 | 유익한 사람과 해로운 사람의 유형 세 가지·110 | 윗사람이 갖춰야 할 덕목 다섯 가지·111 | 성정이나 능력을 가지고 사람을 차별하면 안 된다·112 | 잘못을 하면 비난받지만, 고치면 존경받을 수도 있다·113

2장 맹자 孟子

맹자 소개글·116

사람을 살리는 정치를 해야 한다·120 | 백성과 함께 소유하기·122 | 지도자는 백성의 즐거움과 걱정을 함께해야 한다·124 | 가장 먼저 돌봐야 할 사람들은 누구인가?·125 | 일은 전문가에게 맡겨야 한다·127 | 어진 정치를 베풀면 백성은 나라에 충성을 다한다·128 | 정직해야 큰 용기를 지닐 수 있다·130 | 미리 기대하면 좋은 결과를 얻을 수 없다·131 | 네 가지 나쁜 말을 알아채야 하는 이유·133 | 덕이 있어야 따르는 이들이 있다·134 | 화와 복은 모두 내 언행의 결과물이다·135 | 리더에게는 존중할 수 있는 아랫사람이 필요하다·136 | 일정한 직업이 없으면 나쁜 마음이 고개를 든다·137 | 내가 먼저 권력자를 찾아가지 않는다·138 | 좋은 결과

를 얻지 못하면 먼저 나를 반성해야 한다·139 | 모든 문제는 바깥이 아닌 내부에 있다·140 | 자포자기하는 사람과는 함께 일할 수 없다·141 | 성실해야 남의 마음을 움직일 수 있다·142 | 공손함과 겸손함은 말로 얻을 수 있는 게 아니다·143 | 부모와 자식은 서로에게 '잘하라'고 요구하지 않아야 한다·144 | 남의 칭찬이나 비난에 일희일비할 필요가 없다·145 | 가르치려 드는 태도는 내 발전에 도움이 되지 않는다·146 | 정치인은 근본적인 문제를 해결하는 사람·147 | 헛된 마음이 없어야 좋은 일을 할 수 있다·148 | 명성에 걸맞은 실력을 갖추지 못하면 결국 도태된다·149 | 좋은 일도 지나치게 하는 것은 옳지 않다·150 | 내 잘못이 없다면 나를 탓할 필요가 없다·151 | 구차하게 부유함과 높은 지위를 얻으려 하지 마라·152 | 글의 뜻을 이해하려면 작가의 의도를 헤아려야 한다·153 | 나부터 깨끗해야 세상을 바로잡을 수 있다·154 | 자신을 바로 세운 사람은 너그러워진다·156 | 이상적인 교제는 상대의 훌륭한 점을 배우는 것이다·157 | 주어진 자리에서 맡은 바 업무에 충실하라·158 | 배우는 사람에게 필요한 마음가짐·159 | 성과는 머리가 아닌 의지의 문제·160 | 삶과 죽음보다 중요한 것·161 | 남이 주는 것은 내 것이 될 수 없다·162 | 두 가지 불효·163 | 고난은 몸과 마음

을 단련시키고 힘을 기르게 한다 · 164 | 가족을 사랑하는 마음을 남에게도 베풀어 보자 · 165 | 남의 마음을 내 마음처럼 헤아린다면 · 166 | 백성이 부유하고 넉넉한 인심을 갖게 하려면 · 167 | 사람을 깊이 살핀 후에 상벌을 써야 한다 · 168 | 상대가 중시하는 것이 무엇인지 알려면 · 169 | 군주의 세 가지 보물 · 170 | 말을 해야 할 때와 하지 말아야 할 때를 구분하기 · 171 | 괴롭게 사는 사람이 많은 이유 · 172 | 마음을 다스리려면 욕심을 줄여야 한다 · 173

3장 대학 大學

대학 소개글 · 176

세상 돌아가는 원리에 접근하는 방법 · 178 | 나부터 바른 사람이어야 한다 · 179 | 일에는 순서가 있다 · 180 | 자신을 닦는 일을 멈춰서는 안 된다 · 181 | 사람은 예의와 즐거움이 넘치는 곳에서 잘살 수 있다 · 182 | 처지에 맞는 행동을 하는 사람은 모든 사람에게 존경받는다 · 183 | 자신을 속이지 않아야 법 없이 살 수 있다 · 184 | 좋은 사람이 되려면 자신을 속이지 않는 일부터 시작해야 한다 · 185 | 혼자 있을 때도 생각과 행동을 조심해야 하는 이유 · 186 | 속마음은 숨길 수 없다

· 187 | 덕은 나를 윤택하게 한다 · 188 | 마음을 바르게 하려면 · 189 | 마음을 두어야 결과를 얻을 수 있다 · 190 | 편파적인 태도를 버리려는 노력이 필요한 이유 · 191 | 판단력을 흐리게 하는 것 · 192 | 정치의 바탕을 이루는 마음 · 193 | 남을 깨우쳐 주려면 먼저 나를 점검해야 한다 · 194 | 남과 좋은 관계를 유지하는 비결 · 195 | 나라를 보존하는 비결 · 196 | 군주에게 재물이 모이면 사람이 흩어진다 · 197 | 지도자는 먼저 사람의 마음을 헤아리고 행동해야 한다 · 198 | 재능이 있는 사람보다 포용력이 있는 사람을 써야 하는 이유 · 199 | 사람을 쓰거나 내칠 때 유념해야 하는 것 · 200

4장 중용 中庸

대학 소개글 · 202

도는 추상적인 철학이 아니라 일상의 규범이다 · 204 | 남이 나를 본다는 생각을 지니고 행동하는 게 좋다 · 205 | 마음의 중심을 잡고 남과 조화를 이루는 일 · 206 | 강한 사람이란 어떤 사람인가? · 207 | 도(道)는 일상에 깃들어 있는 것 · 208 | 문제의 해결 방법은 가까운 곳에 있다 · 209 | 좋은 사람이 되기 위해 필요한 것 네 가지 · 210 | 현명한 사람은 지금 할

수 있는 일을 할 뿐이다 · 211 | 남과 어울려 살아가는 지혜 · 212 | 작은 일을 잘해야 큰일을 할 수 있다 · 213 | 덕을 지닌 사람은 반드시 합당한 복을 받는다 · 214 | 사람의 재능을 가지고 굳이 우열을 가릴 필요는 없다 · 215 | 세상과 나라를 다스리는 데 필요한 세 가지 덕목 · 216 | 성실함을 구성하는 다섯 가지 태도 · 217 | 나를 강하게 만드는 마음가짐 · 218 | 화를 입지 않고 나를 보전하는 방법 · 219 | 재앙을 부르는 세 가지 태도 · 220 | 세상에 명예를 떨치는 사람이 되려면 · 221 | 훌륭한 사람이 되기 위해 알아야 할 세 가지 · 222 | 훌륭한 사람이 명심하는 것 · 223 | 존중받고 신뢰를 얻으려면 · 224

부록 한문 원문 · 226

1장 논어

남을 사랑하는 마음, 인(仁)
진심을 다하는 마음, 충(忠)
남을 배려하는 마음, 서(恕)

논어 소개글

유가(儒家)의 창시자로 추앙받는 공자(孔子, BC 551~BC 479)의 언행록이다. 내용은 공자가 혼자 말한 것, 제자나 당시의 유력자와 대화를 나눈 것, 제자가 혼자 말한 것, 제자끼리 대화를 나눈 것, 제자가 유력자들과 대화를 나눈 것, 제자가 공자의 언행을 수록한 것 등으로 이루어져 있다.

「학이(學而)」,「위정(爲政)」,「팔일(八佾)」,「이인(里仁)」,「공야장(公冶長)」,「옹야(雍也)」,「술이(述而)」,「태백(泰伯)」,「자한(子罕)」,「향당(鄕黨)」,「선진(先進)」,「안연(顔淵)」,「자로(子路)」,

「헌문(憲問)」,「위령공(衛靈公)」,「계씨(季氏)」,「양화(陽貨)」,「미자(微子)」,「자장(子張)」,「요왈(堯曰)」 등 모두 20편으로 이루어져 있다.

『논어』는 해당 편의 첫 번째 문장에 등장하는 단어를 따서 편의 제목으로 삼았다. 예를 들면「학이(學而)」편의 첫 문장은 "자왈(子曰) 학이시습지(學而時習之) 불역열호(不亦說乎)"로 시작되는데, 이 문장에서 '학이'를 떼서 제목으로 삼았다는 뜻이다.

『논어』에는 유학에서 다루는 여러 가지 개념에 대한 시초가 담겨 있다. 공자를 이은 사상가들은 『논어』에 담긴 말을 뿌리로 삼아 각자 자신의 사상을 전개해 나갔다. 따라서 유학을 공부하기 위해서는 반드시 『논어』를 읽어야 한다.

『논어』는 한나라 시대에 접어들어 유학이 나라를 대표하는 학문(이것을 관학(官學)이라고 한다)으로 격상되었고, 동시에 공자의 지위도 절대적으로 높아져 뛰어난 학자들이 『논어』를 연구하기 시작하면서 시대마다 많은 주석서가 나왔다. 『논어』가 사랑받게 된 데에는 공자의 지위도 한몫하지만, 『맹자』나 여타의 유가서와 달리 표현이 함

축적이므로 다양한 해석이 가능하기 때문이기도 하다. 현대에도 『논어』를 자신이 사는 시대의 환경에 따라 새롭게 해석해 보려는 시도가 끊이지 않는 이유이다.

『논어』는 우리에게 익숙한 인의예지신(仁義禮智信)에 관한 내용을 대화를 통해 폭넓게 다루고 있다. 그중에서도 인(仁)과 충서(忠恕)가 공자 사상의 핵심을 이루는 내용이라고 할 수 있다. 인(仁)은 남을 사랑하는 마음이고, 충(忠)은 남에게 진심을 다하는 마음이며, 서(恕)는 남을 배려하는 마음이다. 모두 인간관계를 맺을 때 필요한 마음이다. 공자는 이런 마음을 가족에서 시작하여 사회로 확대해 나가야 한다고 생각했다. 이처럼 『논어』는 나의 내면 수양도 중시하지만, 남과 어떻게 살아가야 하는가에 관한 주제에 좀 더 무게를 두고 있는 책이라 할 수 있다. 이런 면을 감안하고 『논어』를 읽으면 내 삶에 도움이 될 만한 내용을 얻을 수 있지 않을까 한다.

論語

참된 사람은
꾸미지 않는다

　말을 잘하거나 표정을 꾸미면서 남에게 잘 보이려고 하는 사람 중에는 참된 사람이 적다.

-「학이(學而)」편, 3장

매일 생각하는 일 세 가지

증자(曾子)가 말했다. "나는 매일 하루를 마치면서 세 가지 내용으로 나를 성찰한다. '남을 위해 일을 계획하면서 진심을 다했는가?', '친구에게 신용을 잃을 만한 행동을 하진 않았는가? 진실하지 않은 마음으로 친구를 만났나?', '내가 배우지 않은 것을 남에게 가르치진 않았는가?'

-「학이(學而)」편, 4장

무슨 일이든
선은 넘지 말아야 한다

유자(有子)가 말했다. "약속은 사리에 맞아야 실천할 수 있고, 공손함은 지나치지 않아야 치욕과 멀어질 수 있고, 친한 사람과 멀어지지 않고 친분을 유지한다면 그런 사람은 존경 받을 만하다."

-「학이(學而)」편, 13장

배우는 사람의
바람직한 자세

　배우기를 좋아하는 사람은 과식하지 않고, 편하게 살기를 바라지 않으며, 매사에 빠르게 실행할 뿐 말을 앞세우지 않고, 훌륭한 사람을 찾아가서 자신의 잘못을 바로잡는다.

-「학이(學而)」편, 14장

더 나은 사람이 되려면

자공(子貢)이 공자에게 물었다.

"가난해도 부자에게 아첨하지 않고, 부유해도 가난한 사람에게 교만하지 않는다면 훌륭하다고 할 수 있을까요?"

공자가 대답했다.

"그런대로 괜찮다고 할 수는 있겠지. 그러나 그보다는 가난한 형편 속에서도 즐거워하고, 부유해도 예의를 지키려고 노력하는 게 낫다."

자공이 말했다.

"선생님의 말씀은 『시경(詩經)』 「위풍(衛風)·기욱(淇奧)」에서 '짐승의 뼈를 잘라 다듬고 옥돌을 쪼개고 갈아서 가공한다'는 내용과 일맥상통하는 것 같군요. 더 나은 사람이 되기 위해 끊임없이 노력하겠습니다."

공자가 말했다.

"그렇지. 이제 너와 시에 대해서 이야기를 할 수 있겠다. 한 마디를 해주니 말해주지 않은 속뜻까지 파악했구나."

-「학이(學而)」편, 15장

자기중심적 생각에서 벗어나야 인정받는다

일반적으로 사람은 내 잘못에는 관대하고, 남의 잘못에는 엄격한 잣대를 들이댄다. 남이 자기를 알아주지 않는다며 남 탓을 하는 경우가 많은데 반대로 남을 알아보지 못하는 내 탓을 하는 게 낫다. 이처럼 자기중심적인 생각에서 벗어나야 남이 나를 알아준다.

-「학이(學而)」편, 16장

위정자는 덕으로 정치를 해야 한다

　북극성을 중심으로 여러 별이 질서 있게 공전하는 것처럼 정치는 덕을 중심으로 이루어져야 한다. 위정자가 덕으로 정치를 하면 사람들은 그를 존경하고, 사회는 깨끗해진다.

-「위정(爲政)」편, 1장

처벌이 능사가 아니다

법을 내세우며 처벌하는 일을 전부라 여기면 사람들은 처벌을 피하려고 할 뿐 잘못을 부끄러워하지 않는다. 덕으로 인도하고 예의로 대하면 잘못을 부끄러워하는 데에서 그치지 않고 선한 방향으로 가게 될 것이다.

「웨이정(爲政)」편, 3장

건강을 지키는 것도 효도

맹무백(孟武伯)이 효도에 관해 질문하니 공자가 대답했다.

"부모는 오로지 자식이 아프지나 않은지 밤낮으로 걱정합니다. 효도는 대단한 무언가가 아닙니다. 부모님께 건강한 모습을 보여드리는 것도 효도에 포함됩니다."

-「위정(爲政)」편, 6장

부모 앞에서
편한 표정을 짓는 것이 효도

자하(子夏)가 효도에 관해 질문하니 공자가 대답했다. "부모 앞에서 편한 표정을 짓는 일이 어렵다. 부모에게 일이 생기면 자식이 대신하거나, 음식이 있으면 부모에게 먼저 드리는 일만 갖고 효도라 말할 수 있겠나?"

-「위정(爲政)」편, 8장

행동의 의도와 좋아하는 것을 살피면 상대를 알 수 있다

　상대를 알고 싶다면 그 사람의 행동과 행동의 의도와 그가 속으로 좋아하는 것이 무엇인지를 살펴보면 된다. 이렇게 하면 상대는 자신을 숨기고 싶어도 그렇게 할 수 없다.

-「위정(爲政)」편, 10장

스승이 되는 방법

예전에 배운 것을 복습하여 잊지 않고, 새로운 것을 배워서 알면 스승이 될 수 있다.

-「위정(爲政)」편, 11장

여러 분야를 폭넓게 받아들여라

사람은 한 가지 분야에만 자신을 가둬선 안 된다. 여러 분야를 폭넓게 받아들여야 한다.

-「위정(爲政)」편, 12장

말과 행동이 부합해야 좋은 사람

자공(子貢)이 물었다.

"좋은 사람이 되려면 어떻게 해야 합니까?"

공자가 대답했다.

"말과 행동이 부합해야 한다. 그러려면 먼저 실천하고 나서 말을 하는 게 좋다."

-「위정(爲政)」편, 13장

마음에 맞지 않는 사람과도 잘 지내야 원만한 사람

원만한 사람이 되려면 만나는 사람만 만나지 않고, 내 마음에 맞지 않는 사람과도 잘 지낼 수 있어야 한다.

-「위정(爲政)」편, 14장

공부할 때 버려야 할 태도

　선생의 가르침을 맹목적으로 따르기만 하면 얻는 게 없다. 이런 부작용이 있다고 해서 선생을 무시하고 내 생각만 고집하면 나만 피곤해질 뿐이다.

-「위정(爲政)」편, 15장

| 모르는 건
| 모른다고 해야 한다

공자가 자로(子路)에게 말했다.
"네가 모르는 걸 안다고 우기면 안 된다. 아는 것만 안다고 하고, 모르는 건 솔직하게 모른다고 해야 한다. 이것이 지식을 대하는 바른 태도다."

-「위정(爲政)」편, 17장

돈과 지위를 얻으려면
말실수와 후회할 일을 줄여라

　돈과 지위를 얻으려면 말실수와 후회할 일을 줄이면 된다. 마음을 열고 여러 사람의 의견을 수용하면서도 그중 충분히 이해한 내용을 조심스레 말하면 말실수가 줄어든다. 여러 사람의 행동을 살펴보고 참고하면서도 그중 위험하지 않은 것을 골라 조심스레 실천하면 후회할 일이 줄어든다.

-「위정(爲政)」편, 18장

아랫사람을 따르게 하려면

　　윗사람이 아랫사람을 존중하고, 부모와 자식을 사랑하는 모습을 보여주면 아랫사람은 윗사람을 진심으로 대하며 존경할 것이다. 윗사람이 유능한 사람을 뽑아서 쓰고 그렇지 못한 사람이라도 버리지 않고 잘 가르친다면, 아랫사람은 서로에게 윗사람을 닮자고 권유할 것이다.

-「위정(爲政)」편, 20장

| 일상생활이
| 정치다

『서경(書經)』의 「주서(周書)·군진(君陳)」편에 '부모님께 효도하고 형제 사이에 잘 지내는 마음을 정치에 적용한다'는 말이 있다. 이렇게 보면 일상생활이 모두 정치의 영역 안에 포함되어 있다는 점을 알 수 있다. 꼭 공직에 나가 일을 하는 것만을 정치라고 할 수는 없다.

-「위정(爲政)」편, 21장

예절의 본질

행사를 치를 때 비용을 지나치게 아끼는 것도 좋지 않지만, 낭비하기보다는 검소한 것이 낫고, 상을 치를 때 지나치게 슬퍼해서 절차 진행에 방해가 되는 것도 좋지 않지만, 절차에만 집중하기보다는 슬퍼하는 편이 낫다. 이것의 예절의 본질이다.

-「팔일(八佾)」편, 4장

머리만 좋은 사람보다
성정이 인자한 사람이 더 낫다

머리만 좋은 사람은 가난해지면 여기에서 벗어나기 위해 나쁜 짓을 할 가능성이 크고, 좋은 환경에 살아도 욕심을 부려서 즐거운 상태를 오래 유지하지 못한다. 자신의 이익에 따라 살기 때문이다. 반면 인자한 성정을 지닌 사람은 가난해도 나쁜 짓을 하지 않으며, 즐거운 상태를 오래 유지한다. 남을 위하는 마음으로 살기 때문이다.

-「이인(里仁)」편, 2장

정도를 버리지 않아야
사람의 자격이 있다

    부유함과 높은 지위는 모든 사람이 좋아하지만, 정도로 얻은 것이 아니라면 가져서는 안 된다. 가난함과 낮은 지위는 모든 사람이 싫어하지만, 정도를 행하는 과정에서 얻은 것이라면 받아들여야 한다. 사람은 삶의 모든 순간에 정도를 버리지 않아야 한다. 사람이 사람이라 불리는 이유는 정도를 버리지 않기 때문이다.

-「이인(里仁)」편, 5장

이상을 추구하는 자세

이상적인 사회를 만들겠다는 큰 포부를 지녔다고 말하면서 옷이나 음식 같은 작은 것에 집착하는 사람과는 함께 일할 수 없다.

-「이인(里仁)」편, 9장

옳은 길을 찾아
그 길을 따라갈 뿐

훌륭한 사람은 세상일에 대해 무조건 해야 된다거나 무조건 안 된다고 하지 않는다. 옳은 길을 찾고 그 길을 따라갈 뿐이다.

-「이인(里仁)」편, 10장

이익만 챙기는 사람에게는 적이 많다

모든 일에서 내 이익만 챙기려 들면 주변에 적이 많이 생긴다.

-「이인(里仁)」편, 12장

자리를 얻을 자격과 남이 알아줄 능력을 갖추도록 노력해야 한다

내 자리가 없다면 자리를 얻을 자격부터 갖춰야 하고, 나를 알아주는 사람이 없다면 남에게 알려질 만큼의 능력을 갖추도록 노력해야 한다.

-「이인(里仁)」편, 14장

좋은 사람이 되려는
자세

좋은 사람의 행동을 보면 그 사람을 본받으려 하고, 나쁜 사람의 행동을 보면 '나는 저런 짓을 한 적이 없나?' 반성하고, '나는 저렇게 살지 말아야지' 다짐해야 한다.

-「이인(里仁)」편, 17장

부모의 나이를 떠올리는 이유

늙어가는 부모를 보면 건강하게 계신 것이 기쁘기도 하고, 해가 거듭될수록 약해져 가는 모습을 보며 마음이 아프기도 할 것이다. 이 두 가지 상반된 감정으로 인해 마음이 무거워지더라도 부모의 나이를 떠올리는 게 좋다. 그럴 때마다 부모를 사랑하는 마음이 일어나기 때문이다.

-「이인(里仁)」편, 21장

존경받고 싶으면
말을 아껴라

지금까지 존경받는 사람들의 공통점 중 하나는 말을 함부로 내뱉지 않았다는 점이다. 그들은 말을 내뱉기 쉽지만, 실천하기 쉽지 않고, 실천하지 못하면 부끄러워할 일이 생긴다는 사실을 알고 있었다. 존경받고 싶으면 말을 아끼는 게 좋다.

-「이인(里仁)」편, 22장

좋은 친구를 얻으려면
바른 마음으로 상대를 대하라

    좋은 친구를 얻으려면 바른 마음으로 상대를 대하라. 바른 마음을 지닌 사람 곁에는 그와 비슷한 사람들이 모이게 된다. 유유상종(類類相從)이라는 말이다.

-「이인(里仁)」편, 25장

섣부른 충고는
관계를 망친다

자유(子游)가 말했다. "윗사람을 위한다고 자주 조언을 하면 파면을 당하고, 친구를 위한다고 자주 충고를 하면 절교를 당한다. 조언이나 충고를 하지 말라는 게 아니다. 상대의 문제를 나만 알고 있을 거라는 생각을 버리고, 급하게 서두르지 마라는 말이다."

-「이인(里仁)」편, 26장

말재주가 있는 사람은
미움을 받기 쉽다

어떤 사람이 공자에게 말했다. "당신의 제자 옹(雍)은 덕이 있기는 한데 말재주는 없는 사람 같은데요?" 공자가 대답했다. "말재주가 꼭 필요할까요? 대체로 말재주가 있는 사람은 상대의 말을 끊거나 반박하기를 좋아해서 미움을 받기 쉽습니다. 저의 제자에게 덕이 있는지는 잘 모르겠지만, 말재주가 필요하다고 생각하지는 않습니다."

-「공야장(公冶長)」편, 4장

자리를 얻기 전에 생각해야 할 일

공자가 제자 칠조개(漆雕開)에게 관직을 얻으라고 권했다. 칠조개가 대답했다.

"선생님, 제가 아직은 그 일을 감당할 수 있을지에 대한 확신이 없습니다."

공자는 자리 욕심을 내지 않고 먼저 자신을 점검하는 제자의 태도를 보며 마음속으로 기뻐했다.

-「공야장(公冶長)」편, 5장

욕심이 없어야 강직할 수 있다

공자가 말했다. "나는 아직 성품이 강직한 사람을 보지 못했다." 어떤 사람이 "선생님의 제자 신정(申棖)의 성품이 강직합니다"라고 하자 공자가 대답했다. "신정은 욕심이 많다. 욕심에 이끌리면 마음이 흔들려서 강직할 수 없다."

-「공야장(公冶長)」편, 10장

좋은 시호 '문(文)'을 받은 이유

자공이 질문했다.

"위(衛)나라 대부 공어(孔圉)는 죽은 뒤에 '문(文)'자 시호를 받아서 공문자(孔文子)로 불리고 있습니다. 이 사람이 가장 좋은 시호인 '문'을 얻은 이유는 무엇입니까?"

공자가 대답했다.

"일반적으로 머리가 좋으면 배우기를 싫어하고, 지위가 높으면 아랫사람에게 묻기를 싫어하게 마련이다. 그런데 공문자는 똑똑하면서도 배우기를 좋아했고, 지위가 높으면서도 아랫사람에게 묻는 일을 부끄러워하지 않았다. 이런 사람이었기 때문에 '문'을 얻었다."

-「공야장(公冶長)」편, 14장

* 시호(諡號) : 왕이나 높은 벼슬아치들이 죽은 뒤에 생전 업적을 평가하여 주는 이름.
* 문(文)이 들어가는 시호를 얻으려면?
  · 세상을 잘 다스려야 한다. · 높은 도덕성을 지녀야 한다. · 부지런히 공부하고 묻기를 좋아해야 한다. · 백성을 사랑하여 은혜를 베풀어야 한다. · 딱한 사람에게 은혜를 베풀고, 예절이 있어야 한다. · 백성에게 작위를 준 일이 있어야 한다.

관계를 잘 유지하려면

대체로 사람이 오랜 시간을 사귀면 서로 편하게 여긴 나머지 무례를 범하다가 관계에 금이 가는 일이 많다. 사귄 지 오래되었어도 상대를 예의 바르게 대해야 관계를 잘 유지할 수 있다.

-「공야장(公冶長)」편, 16장

남의 잘못을
마음에 담아두지 마라

　남이 나에게 잘못한 일이 있더라도 이후에 같은 잘못을 반복하지 않는다면 과거의 일은 잊어버리는 게 좋다. 이렇게 하면 나를 원망하는 사람이 줄어든다.

-「공야장(公冶長)」편, 22장

남을 가식적으로 대하는 것은
스스로에게 부끄러운 일

    나는 남에게 얼굴빛을 꾸미고 지나치게 숙이면서 듣기 좋은 말만 하는 짓과 상대를 싫어하면서 그 마음을 숨기고 친하게 지내는 짓은 하지 않는다. 스스로에게 부끄러운 일이기 때문이다.

-「공야장(公冶長)」편, 24장

정치를 맡길 만한 사람

과감하게 결단하는 사람, 사리 분별을 잘해서 통달한 사람, 여러 방면에 재능이 있는 사람에게는 정치를 맡겨 볼 만하다.

-「옹야(雍也)」편, 6장

포기보다
좋지 않은 것

    좋아하는 일이라도 열심히 하다 보면 힘이 들어서 중도에 포기할 수 있다. 그러나 시작한 지 얼마 되지도 않았는데 힘들어서 안 될 거 같다고 해서는 안 된다. 이처럼 포기하는 것도 좋지 않지만 해보지도 않고 미리 자신의 한계를 정해버리는 태도는 더 좋지 않다.

-「옹야(雍也)」편, 10장

칭찬받을 만한 행동

노나라의 장수 맹지반(孟之反)은 제나라와의 싸움에서 패했을 때, 후미에 남아서 제나라의 추격을 막았다. 패배했지만, 아군의 피해를 줄였기 때문에 모두 맹지반을 칭찬했는데, 정작 맹지반은 수도의 성문에 도착했을 즈음 말에게 채찍질하면서 "말이 달리지를 않아서 어쩔 수 없이 후미에 남았을 뿐입니다"고 말했다. 사람들은 맹지반이 아군의 피해를 줄인 일에 대해 칭찬하지만, 그보다 나는 그가 자신의 공을 내세우지 않고, 먼저 도망친 병사들까지 감싸준 행동을 칭찬하고 싶다.

-「옹야(雍也)」편, 13장

내면과 외면이
조화를 이뤄야 한다

　내면이 꾸밈없고 수수한 것이 좋다고 여겨서 외면을 전혀 꾸미지 않으면 거칠고 촌스러워 보인다. 반대로 외면을 너무 꾸며서 내면이 전혀 드러나지 않는다면 겉만 번지르르해 보인다. 이 둘이 적당히 섞여서 조화를 이루도록 하는 게 좋다. 너무 멋을 부려도 좋지 않고, 전혀 멋을 부리지 않아도 좋지 않다.

-「옹야(雍也)」편, 16장

공부의 성과를
얻으려면

공자가 말했다. "어떤 과목을 공부한다고 가정해보자. 그 과목에 대한 흥미가 없이 기계적으로 이해만 하고 넘어가면 좋은 성과를 얻기 어렵다. 흥미를 두는 데에 그쳐서도 안 된다. 공부를 통해 즐거움을 느낄 수 있어야 한다. 그러면 성과는 자연스레 따라온다."

-「옹야(雍也)」편, 18장

머리 좋은 사람과
차분한 사람의 속성

대체로 머리가 좋은 사람은 물을 좋아한다. 끊임없이 궁리하는 습관이 쉬지 않고 흐르는 물과 비슷하기 때문이다. 성정이 차분한 사람은 산을 좋아한다. 차분한 상태는 움직이지 않고 제자리에 있는 산과 비슷하기 때문이다. 그래서 머리가 좋은 사람은 동적이며 즐겁게 살고, 성정이 차분한 사람은 정적이며 오래 사는 편이다.

-「옹야(雍也)」편, 21장

공자의
네 가지 걱정거리

　마음을 차분히 하려고 해도 잘되지 않는 것, 공부를 열심히 하는데도 익혀지지 않는 것, 옳은 일을 들었는데 바로 실행하지 못하는 것, 나쁜 습관인 줄 알면서도 빨리 고치지 못하는 것, 이 네 가지가 나의 걱정거리다.

「술이(述而)」편, 3강

발전하는 학생이
되려면

    학생은 공부할 때 능동적인 태도를 지녀야 발전할 수 있다. 스스로 해답을 얻으려고 노력을 했는데도 안 되었을 때 선생에게 질문해야 하고, 질문거리는 있는데 표현하기가 어려워서 어떻게든 해보려고 노력했는데도 도저히 생각나지 않을 때 선생에게 의지해야 하고, 선생이 사각형의 한 모서리를 보여줬다면 나머지 세 개의 모서리를 유추할 수 있어야 한다. 처음부터 선생에게 의지하는 습관을 들이면 실력이 늘지 않는다.

-「술이(述而)」편, 8장

정당한 방법을
고수하는 까닭

　돈은 정당한 방법으로 벌어야 한다. 방법이 정당하다면 무슨 일이든 못 할 게 없다. 그러나 방법이 정당하다고 해서 반드시 돈을 번다는 보장은 없다. 심지어 정당하지 못한 방법으로 돈을 버는 경우도 있다. 이건 돈이 사람의 힘으로 어떻게 할 수 없는 운의 영역에 속한다는 걸 의미한다. 그럼에도 불구하고 정당한 방법을 고수하는 까닭은 그것이 옳은 길이기 때문이다.

-「술이(述而)」편, 11장

곤궁함 속에서도
즐거움을 얻을 수 있다

    정당하지 못한 방법으로 얻은 부유함과 높은 지위는 내 것이 되지 못한다. 그러므로 즐거움을 얻을 수 없다. 반면 정당한 방법으로 얻은 결과가 변변치 못한 식사와 불편한 잠자리라면 이런 곤궁함 속에서도 즐거움을 얻을 수 있다.

-「술이(述而)」편, 15장

말과 행동을 배우는 일에는 정해진 선생이 없다

나를 포함한 세 사람이 길을 가면 나머지 두 사람 모두를 나의 선생으로 삼을 수 있다. 둘 중 한 사람의 말과 행동이 선하면 그 사람을 본받으면 된다. 반대로 한 사람은 그렇지 않다면 그를 통해 나의 잘못된 점을 찾아내어 고치려고 노력하면 된다. 이처럼 말과 행동을 배우는 데는 정해진 선생이 없다.

-「술이(述而)」편, 21장

찾아온 사람에게
굳이 모질게 대할 것까지는 없다

과거에 잘못을 저지른 사람이라도 뉘우치고서 나를 찾아왔다면 현재의 반성한 상태를 인정하고 과거의 잘못을 들춰내서는 안 된다. 그 사람이 나를 찾아온 행위 자체를 인정할 뿐, 그가 돌아간 뒤에 혹시 잘못을 저지르더라도 그건 나의 소관이 아니므로, 찾아온 사람에게 굳이 모질게 대할 것까지는 없다.

-「술이(述而)」편, 28장

그래도 사치보다는 검소함이 낫다

사치가 심하면 공손하지 못하고, 너무 검소하면 융통성이 없어진다. 둘 다 바람직하지 않지만, 공손하지 못하다는 말을 듣기보다는 융통성이 없다는 소리를 듣는 게 낫다. 대체로 공손하지 못한 사람은 남을 함부로 대하지만, 융통성이 없는 사람은 그렇지는 않기 때문이다.

-「술이(述而)」편, 35장

나쁜 성정은
좋은 재능을 가린다

    다방면에 좋은 재능을 지닌 사람이라 하더라도 성정이 교만하거나 남에게 인색하다면 모든 재능이 그런 성정에 덮여 버려서 드러나지 못한다.

-「태백(泰伯)」편, 11장

| 남의 일에
| 참견하지 않는다

　　상대와 내가 담당하고 있는 일이 다르다면 참견하지 않고 내 일에 충실해야 한다.

-「태백(泰伯)」편, 14장

열심히 배우고
복습해야 하는 이유

　공자가 말했다. "학생은 혹시라도 선생의 수업을 따라가지 못할까 걱정하면서 부지런히 배우고, 배운 뒤에는 잊어버리지 않도록 복습해야 한다. 외부를 통해 얻은 지식을 내 것으로 만들려면 오랜 시간이 필요하며, 잠시만 게을리해도 잊어버리기 때문이다."

-「태백(泰伯)」편, 17장

포기하지 않아야
결실을 얻는다

흙을 쌓아서 산을 만들 때, 흙 한 포대만 쌓으면 산을 완성할 수 있는데도 포기하면 지금까지 들였던 노력이 수포로 돌아간다. 울퉁불퉁한 넓은 땅을 평평하게 고르려고 할 때, 흙 한 포대를 부어 시작하여 포기하지 않는다면 언젠가는 끝낼 수 있다. 이처럼 공부는 포기하지 않고 계속해야 결실을 얻을 수 있다.

-「자한(子罕)」편, 18장

어떻게 해줄 수 없는
사람

    누구나 바른말을 따르기 좋아하지만, 실행에 옮겨 잘못을 고치지 않으면 바른말도 소용이 없다. 누구나 공손한 말을 좋아하지만, 말의 뜻을 이해하여 실천하지 않으면 소용이 없다. 바른말, 공손한 말을 좋아한다고 말하면서 실천하지 않는다는 건 결국 겉과 속이 다르다는 걸 고백하는 것과 같다. 이런 사람은 어떻게 해줄 방법이 없다.

-「자한(子罕)」편, 23장

사람의 진면목이 드러나는 때

    평소에는 나에게 친절하게 대해주다가 정작 내가 곤란한 상황에 처했을 때 등을 돌리거나, 평소에는 정의로운 척하다가 일이 터졌을 때 자신의 이익을 위해 불의의 편에 서는 사람이 있다. 날씨가 매우 추워져야 다른 나무에 비해 소나무와 잣나무가 늦게 시드는 걸 알 수 있는 것처럼 사람의 진면목은 이해관계가 얽힌 일이나 큰 사고를 통해 드러난다.

-「자한(子罕)」편, 27장

| 삶에
| 충실해야 한다

살아 있는 사람에게 잘하지 못하면서 죽은 사람의 제사를 잘 모실 수 있을까? 귀신보다 살아 있는 사람을 우선순위에 두어야 한다. 삶을 모르면서 죽음은 알 수 있다고 생각하는가? 삶에 충실해야 한다. 귀신이나 죽음에 대해 생각하는 건 삶에 도움이 되는 일이 아니다. 생각해봐야 답을 얻기도 어렵다.

-「선진(先進)」편, 11장

남의 기분을 상하지 않게
결점을 바로잡는 방법

　승부욕이 지나친 사람은 앞뒤를 가리지 않고 실행부터 하려 드는 경우가 많다. 적절히 제지해서 물러나게 해야 한다. 반면 겸손이 지나친 사람은 나서야 할 때 뒤로 물러서는 경우가 많다. 격려하여 실행하도록 해야 한다. 이것이 님의 기분을 상하게 하지 않으면서 결점을 바로잡는 방법이다.

-「선진(先進)」편, 21장

현명한 사람은 험담을 즉시 받아들이지 않는다

험담은 물이 물체를 서서히 적시듯 피부에 먼지가 내려앉듯 은근히 이루어지기 때문에 듣는 사람은 사실로 받아들이기 쉽다. 그러나 현명한 사람은 험담을 들었을 때, 즉시 받아들이지 않고 사실 관계부터 확인한다. 이런 사람에게는 누군가를 험담해도 통하지 않는다.

-「안연(顔淵)」편, 6장

백성이 가난한데
나라가 풍족한 경우는 없다

    노나라에 흉년이 들어 나라의 재정이 부족해지자 국왕인 애공(哀公)은 세금을 더 거두려고 하였다. 공자의 제자 유약(有若)이 애공에게 말했다. "현재 흉년이 들어 백성의 살림살이가 넉넉하지 않은데, 세금을 거두면 상황이 더 나빠집니다. 오히려 세금을 줄여야 백성의 형편이 나아지고 나라의 재정도 회복할 수 있습니다. 백성이 가난에 허덕이는 상황인데 무슨 수로 나라의 재정을 풍족하게 할 수 있겠습니까?"

-「안연(顔淵)」편, 9장

나를 발전시키는 방법

　진실한 사람을 가까이하고, 남의 생각이 옳다면 내 생각을 바꿀 수 있어야 한다. 이것이 나를 발전시키는 방법이다. 그러나 일반적으로 사람은 어떤 한 사람이 내 편을 들어줄 때는 그 사람이 오래 살기를 바라고, 내 편을 들어주지 않을 때는 죽기를 바랄 정도로 미워하는 경우가 많다. 자신의 감정에 따라 한 사람에 대한 생각이 바뀐다는 말이다. 이처럼 어리석은 짓을 하면 발전할 수 없을 뿐만 아니라 남에게 이상한 사람 취급을 당할 것이다.

-「안연(顔淵)」편, 10장

좋은 사람의
조건

좋은 사람은 남이 좋은 일을 하면 그 일이 성공할 수 있도록 돕지만, 나쁜 일을 하면 그 일이 성공하도록 돕지 않는다.

-「안연(顏淵)」편, 16장

정치를 하려면 먼저
내 마음을 바르게 해야 한다

정치를 하려면 먼저 내 마음을 바르게 해야 한다. 바른 마음으로 통솔해야 아랫사람이 나를 따른다.

-「안연(顔淵)」편, 17장

나를 다스리는
세 가지 방법

 나를 다스리는 세 가지 방법이 있다. 일을 할 때 결과부터 따지기보다는 먼저 내가 할 수 있는 일을 하고, 남의 부족함을 지적하기 전에 나의 부족함을 반성하며, 한순간의 분노로 정신을 놓아버려서 부모에게까지 화가 미치지 않도록 해야 한다.

-「안연(顏淵)」편, 21장

상대가 받아들이지 않으면 충고하지 마라

친구는 서로 격려하고 충고도 하면서 발전하는 사이다. 그러나 충고를 하고 잘 이끌어 주었는데도 상대가 받아들이지 않으면 그만둬야 한다. 들어주지 않는데도 계속 충고를 하면 사이가 멀어지기도 하고, 심지어 모욕을 당할 수도 있다.

-「안연(顔淵)」편, 23장

좋은 정치를 위해 필요한 일 세 가지

좋은 정치를 하려면 실무자에게 일을 맡겨 책임을 지도록 해야 하고, 작은 죄를 지은 사람은 사면하여 가혹한 형벌 집행을 하지 않는다는 인상을 주어 대중의 마음을 얻어야 하고, 성정이 좋고 유능한 인재를 뽑아야 한다. 인사 담당자는 우선 자신이 알고 있는 유능한 인재를 뽑아서 써야 한다. 그러면 유능한 사람을 기용한다는 소문이 나서 너도 나도 인재를 추천할 것이다.

-「자로(子路)」편, 2장

윗사람이 솔선수범해야 하는 이유

윗사람이 솔선수범하면 아랫사람에게 굳이 명령하지 않아도 일이 순조롭게 진행되고, 그렇지 않으면 명령을 해도 아랫사람이 움직이지 않는다.

-「자로(子路)」편, 6장

대중은 정직하지 않은 정치인을 따르지 않는다

잘못된 일을 바로잡는 것도 정치의 역할 중 하나다. 그러므로 정치를 하는 사람은 정직해야 한다. 내가 정직하지 않으면서 남을 바로잡을 수는 없기 때문이다. 무엇보다 대중은 정직하지 않은 정치인을 따르지 않는다.

-「자로(子路)」편, 13장

내 영향력을
넓히고 싶다면

대부분의 정치인은 많은 지지자를 얻으려 하고, 영향력을 넓히려고 애쓴다. 그러다 보니 가까이 있는 사람을 소홀하게 대하고 멀리 있는 사람에게 공을 들이는 경우가 많다. 이렇게 하면 오히려 영향력이 줄어든다. 멀리 있는 사람은 '내가 저 사람과 가까워지면 소홀한 대접을 받겠구나' 하고 생각해서 오지 않는다. 가까이 있는 사람에게 잘해줘야 한다. 그래야 멀리 있는 사람이 찾아온다.

-「자로(子路)」편, 16장

성과를 내는 데 방해가 되는 행동

누구나 되도록 빨리 목표를 달성하려 하고, 일을 통해 이익을 얻기 위해 노력한다. 그러나 마음이 앞선 나머지 서두르면 목표를 달성하기 어렵고, 이익에만 몰두하면 시야가 좁아져서 큰 성과를 내기 어렵다.

-「자로(子路)」편, 17장

현명한 사람과
어리석은 사람의 차이

사람의 생각은 모두 같을 수 없다. 현명한 사람은 이런 점을 알아서 각자의 생각을 존중하며 어울리려 하고 한 사람만 따르지 않는다. 반면 어리석은 사람은 자신과 생각이 다른 사람을 배척하고, 그들과 어울리려 하지 않으며, 한 사람만 따른다.

-「자로(子路)」편, 23장

착한 사람을
알아보는 법

모든 사람이 좋아하는 사람을 착한 사람이라고 할 수 있을까? 그렇지 않다. '모든 사람'에는 착한 사람과 나쁜 사람이 섞여 있기 때문에 선호도만으로 착한지 아닌지 여부를 판단해선 안 된다. 착한 사람이 좋아하거나 나쁜 사람이 미워하는 사람이 착한 사람일 확률이 높다.

-「자로(子路)」편, 24장

사회가 혼란스러울 때는
말을 공손하게 해야 한다

    사람은 말과 행동 모두 당당하게 해야 한다. 그러나 사회가 혼란스러울 때는 행동은 당당하게 하더라도 말은 공손하게 해야 한다. 사회가 혼란스러우면 사람들은 예민해져서 행동보다는 말에 더 빨리 반응한다. 말 한마디 때문에 뜻밖의 피해를 입지 않도록 하는 게 좋다.

-「헌문(憲問)」편, 4장

가난한 사람의
어려움에 공감해야 한다

    사람들은 부자가 겸손하면 그를 칭찬하고, 가난한 사람이 불평하면 그를 은근히 무시한다. 부유하면서 겸손하기는 쉽다. 그만큼 여유가 있기 때문이다. 반면 가난하면서 불평이 없기는 어렵다. 삶이 힘들기 때문이다. 이런 점을 안다면 가난한 사람의 어려움에 공감해야 한다.

-「헌문(憲問)」편, 11장

현명한 사람은 남의 마음을
미리 알려고 하지 않는다

    남을 대할 때는 '저 사람이 나를 속이겠지', '저 사람은 나를 믿지 않을 거야'는 마음을 지녀선 안 된다. 남이 나를 속이거나 믿지 않을 것이라고 미리 짐작한다는 건 원한을 품고 남을 대하는 것과 마찬가지이므로 바람직하다고 할 수 없다. 현명한 사람은 남의 마음을 두고 지레짐작이나 억측을 하지 않는다.

-「헌문(憲問)」편, 33장

먼저 실행해보고 말을 하는 것이 좋다

말과 행동이 일치해야 부끄러워할 일이 일어나지 않는다. 먼저 실행해보고 말을 해도 늦지 않다.

-「헌문(憲問)」편, 29장

현재에 안주하지 마라

당장 살기 좋다고 해서 현재에 안주하고 미래를 생각하지 않으면 머지않은 장래에 뜻하지 않은 걱정거리가 생기기 쉽다.

-「위령공(衛靈公)」편, 11장

나와 남 모두에게
  도움이 되는 태도

 나에게 엄격하고 남에게 관대한 태도를 보이면 남이 나를 원망하는 일이 줄어들고, 나를 따르게 된다. 아울러 이런 태도는 나의 성장을 돕는 요소가 되기도 한다.

-「위령공(衛靈公)」편, 14장

| 어떻게 할 수 없는
| 사람

  '이 일을 어떻게 해야 하나'고 생각하는 과정을 거치지 않고 멋대로 일처리를 해버리는 사람은 누구도 어떻게 할 수가 없다.

-「위령공(衛靈公)」편, 15장

좋은 결과를
얻을 수 없는 사람

하루 종일 사람들과 일을 하면서 자잘한 잔소리만 하고, 잔머리 쓰기를 좋아하며, 자신의 잔술수가 통할 것이라고 큰소리를 치는 사람은 좋은 결과를 얻기 어렵다.

-「위령공(衛靈公)」편, 16장

윗사람에게 필요한 덕목

　인재를 등용할 때는 사람의 말과 행동 모두를 살펴야 한다. 말만 듣고 등용해선 안 된다. 의견을 들을 때는 마음을 열어야 한다. 지위나 학식을 따지지 말고 좋은 의견이 있다면 바로 수용해야 한다.

-「위령공(衛靈公)」편, 22장

일을 할 때
명심해야 하는 것

　말을 잘 꾸미는 사람을 조심하고, 참을성을 지녀야 한다. 말을 잘 꾸미는 사람은 본질을 흐리는 경우가 많고, 작은 일에 분노하면 큰일을 망칠 수 있기 때문이다.

-「위령공(衛靈公)」편, 26장

사람은 직접 만나보고 판단해야 한다

    대체로 많은 사람들은 자신의 감정을 바탕으로 특정인을 평가한다. 그러므로 많은 사람들이 그를 싫어한다고 해서 실제로 그 사람이 나쁜 사람이라는 근거가 되지 않는다. 마찬가지로 좋아하는 사람이 많다고 해서 그가 좋은 사람이라는 근거가 되지 않는다. 따라서 사람은 직접 만나보고 판단해야 한다.

-「위령공(衛靈公)」편, 27장

말은 수단일 뿐이다

　말은 내 생각을 전달하는 수단일 뿐이다. 말재주는 부수적인 것이다. 부수적인 것에 집착해서 본질을 놓쳐서는 안 된다.

-「위령공(衛靈公)」편, 40장

유익한 사람과 해로운 사람의
유형 세 가지

나에게 유익한 사람과 해로운 사람의 유형 세 가지가 있다. 정직하고, 성실하며, 박학다식한 사람을 친구로 두면 유익하고, 눈치를 잘 봐서 남이 좋아하는 일만 하거나, 얼굴빛을 잘 꾸며 남의 환심을 사거나, 남이 듣기 좋아하는 말만 하며 아부하는 사람을 친구로 두면 해롭다.

-「계씨(季氏)」편, 4장

윗사람이 갖춰야 할 덕목
다섯 가지

윗사람이 갖춰야 할 덕목은 공손함·관대함·믿음직함·기민함·은혜다. 남을 공손하게 대하면 모욕을 당하지 않는다. 상대에게 너그러우면 아랫사람의 마음을 얻는다. 언행이 믿음직하면 아랫사람이 의지한다. 일처리가 기민하면 좋은 성과를 얻는다. 은혜를 베풀면 아랫사람을 잘 통솔할 수 있다.

-「양화(陽貨)」편, 6장

성정이나 능력을 가지고
사람을 차별하면 안 된다

　자장(子張)이 말했다. "사람을 대할 때는 성정이나 능력을 가지고 차별하면 안 된다. 현명한 사람을 높이고, 대중을 포용하며, 선한 사람을 칭찬하고 무능한 사람에게 연민하는 마음을 지녀야 한다. 아울러 나부터 좋은 사람이 되어야 한다. 내가 좋은 사람이 아니라면 남이 나를 받아주지 않을 것이다. 좋은 사람이 되려고 노력할 시간도 모자란데 어느 겨를에 남을 차별할 수 있겠나."

-「자장(子張)」편, 3장

잘못을 하면 비난받지만, 고치면 존경받을 수도 있다

자공(子貢)이 말했다. "사람의 잘못은 비유하자면 일식(日食)이나 월식(月食)과 같다. 잘못을 했을 땐 모두가 일식·월식이 시작할 때의 어둠처럼 여기고 비난하지만, 잘못을 고쳤을 땐 일식·월식이 끝난 뒤에 밝은 하늘을 대하듯 우러러본다. 이처럼 사람은 누구나 잘못을 저지를 수 있고, 잘못으로 인해 지탄의 대상이 되기도 하지만 고치면 존경받을 수 있다."

-「자장(子張)」편, 21장

2장 맹자

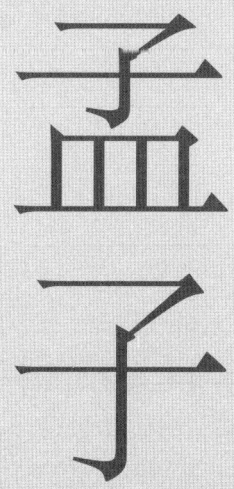

인(仁)과 의(義)를 통해 백성을 교화하고
천하를 다스리는 왕도정치(王道政治)

맹자 소개글

『맹자』는 「양혜왕(梁惠王)」, 「공손추(公孫丑)」, 「등문공(滕文公)」, 「이루(離婁)」, 「만장(萬章)」, 「고자(告子)」, 「진심(盡心)」, 의 7편으로 구성되어 있다. 각 편의 제목은 해당 편의 첫 문장에 나오는 단어를 따서 지었다. 『논어』와 같은 형식으로 이루어졌다는 뜻이다. 예를 들어 「양혜왕」편은 '맹자견양혜왕(孟子見梁惠王)'으로 시작되는데 '양혜왕'을 따서 편의 제목으로 삼았다. 원래는 7편이었는데 한나라의 조기(趙岐, ?-201)가 『맹자장구(孟子章句)』라는 주석서를 내면서 각 편을 상·하로 나눈 뒤로 현재까지 14편의 『맹자』가 유통되고 있다.

맹자(孟子, BC 372-298)는 공자를 이어받은 사상가였다. 공자는 인(仁)을 중시했는데, 맹자는 인과 함께 의(義)를 강조했다. 의는 '바르다', '당연하다'는 뜻인데, 공자의 시대에는 인만큼 주목받지 못했다. 맹자는 '인'은 가족, '의'는 사회에서 실천해야 할 덕목으로 규정했다. 맹자의 시대에 들어서면서 인의(仁義)라고 나란히 칭해지게 되었다. 아울러 맹자는 이런 인의의 마음은 사람이 원래 갖추고 있다고 믿었다. 이것이 널리 알려진 '성선설(性善說, 사람의 본성은 원래부터 선하다)'이다. 다만 『맹자』에서는 전문적으로 성선설을 다루고 있지는 않다. 따라서 성선설은 후대의 유학자들이 맹자의 사상을 정립하는 과정에서 얻은 결과라고 봐야 하겠다.

『맹자』하면 빼놓을 수 없는 사상은 '왕도정치(王道政治)'라고 할 수 있다. 왕도는 힘으로 상대를 제압하는 패도(覇道)와 상대되는 개념이다. 맹자의 시대에는 전쟁이 빈번하게 일어났는데, 맹자는 전쟁을 반대했으며 『맹자』를 통해 각국의 왕은 왕도정치를 해야 한다고 주장했다.

왕도정치의 대략은 다음과 같다. 토지는 주(周)나라의 정전법(井田法)에 따라 분배하고, 세율은 10%로 제한하며, 형벌을 가혹하게 집행하지 않고, 백성이 삶을 영위할 수 있도록 농사철을 빼앗지 말며, 직업이 없는 사람에게는 일정한 직업을 주어야 한다는 것이다.

『맹자』는 원래 전국시대의 여러 저작들 중 하나로 취급되었지만, 당나라의 한유(韓愈, 768-824)가 맹자를 공자의 후계자로 높인 이래 송나라의 주희는 한유의 설을 인정함과 동시에 『맹자』를 『논어』와 같은 경전으로 높였으며, 『맹자』의 주석서를 썼다. 알다시피 한국의 유학자들은 주희를 높였으므로 자연스레 『맹자』도 중시했다. 이런 영향 때문에 현재까지 『맹자』는 학자는 물론 대중에게까지 널리 사랑받고 있다.

『맹자』는 맹자와 각 나라 제후와의 대화, 유가 이외의 사상가들과의 대화, 제자와의 대화, 각국의 유력자와의 대화, 맹자가 남긴 길고 짧은 격언으로 이루어져 있다. 맹자는 대화를 할 때, 상대가 권력자라고 해서 주눅 들지 않고 당당히 자신의 견해를 밝혔고, 논리도 정연했다. 따라서 『맹자』를 읽으면 시원시원한 느낌이 들고, 없던 용기도 생기는 것 같은 기분을 느끼게 된다. 현재까지 대중이 『맹자』를 아끼는 이유 중 하나가 아닐까 한다.

사람을 살리는
정치를 해야 한다

양혜왕이 말했다.
"저는 편하게 마음을 열고 선생님의 말씀을 들으려 합니다."
맹자가 대답했다.
"네, 고맙습니다. 왕께서 그렇게 말씀하시니 저도 편하게 말씀드리겠습니다. 사람을 몽둥이로 때려서 죽이는 것과 칼로 찔러 죽이는 것에 어떤 차이가 있다고 생각하십니까?"
"쓰는 도구가 다를 뿐 사람이 죽는 결과로 보면 차이가 없지 않습니까?"
"네, 그렇습니다. 그렇다면 칼로 찔러 죽이는 것과 정치를 잘못해서 죽이는 것에도 차이가 없겠죠?"
"네, 차이가 없습니다."
"제가 보기엔 지금 왕의 정치에 문제가 있습니다. 왕의 부엌에는 기름진 고기가 있고 마구간에는 살찐 말이 가득한데 백성은 먹을 게 없어 굶고, 들판에는 굶어 죽은 시신이 여기저기 뒹굴고 있습니다. 짐승은 배부른데 사람은 굶어 죽고 있는 것입니다. 이게 짐승을 몰고 가서 사람을 잡아먹게 하는 것과 무슨 차이가 있겠습니까?"

"...."

"사람은 짐승끼리 서로 잡아먹는 걸 보면 눈살을 찌푸리며 싫어합니다. 잔인하기 때문이죠. 그런데 그보다 더 심하게 짐승을 몰고 가서 사람을 잡아먹게 하는 정치를 하시면 되겠습니까?" 옛날에 공자는 '순장을 할 때 부장품으로 넣는 인형을 발명한 사람은 후손이 없을 놈이다'고 하며 분노했습니다. 인형이기 때문에 사람에게는 아무런 피해가 없습니다. 그럼에도 분노했던 이유는 인형이 묻히는 걸 보며 마치 사람이 묻히는 것 같은 충격을 받았기 때문입니다. 사람을 그만큼 귀하게 여겨야 한다는 겁니다. 이처럼 귀한 사람을 굶어 죽게 해서야 되겠습니까?"

"...."

— 「양혜왕(梁惠王)」 상편, 4장

| 백성과 함께
| 소유하기

제선왕(齊宣王)이 물었다.
"옛날 주(周)나라 문왕(文王)이 소유한 동산의 넓이가 사방 칠십 리였다고 하는데 실제 그 정도 규모였을까요?"
맹자가 대답했다.
"아마 그렇지 않았을까요? 옛날 책에서 본 적이 있습니다."
"너무 넓지 않나요?"
"문왕의 백성들은 오히려 좁다고 여겼다 합니다."
"그런가요? 그런데 제 소유의 동산은 사방 사십 리밖에 되지 않는데도 왜 백성들은 넓다고 생각하는지 모르겠습니다."
"말씀하신 대로 문왕의 동산은 넓었지만, 나무꾼과 사냥꾼이 자유롭게 드나들 수 있었습니다. 백성과 함께 동산을 이용했던 것이지요. 그러니 백성이 좁다고 생각하는 게 어찌 보면 당연하지 않겠습니까?"
"…."
"저는 처음 제나라에서 금지하는 행위를 숙지한 뒤 제나라에 들어왔습니다. 제가 들으니 '도시 외곽 관문 안쪽에 사방 사십 리가 되는 동산이 있다. 이곳에서 사슴을 죽이면 살인죄로 취급한다'고 하더군요. 이 말이 사실이라면 이건 나라 안에 이 정도 규모의 함정을 파놓은 것과 같습니다. 백성이 넓다고 생각하는 게 당연히지 않겠습니까?"

"...."

-「양혜왕(梁惠王)」하편, 2장

지도자는 백성의 즐거움과 걱정을 함께해야 한다

어느 날 제선왕은 설궁(雪宮)이라는 곳으로 맹자를 불러들였다. 설궁은 왕이 순시를 나갔을 때 묵는 궁궐이었는데, 이곳도 수도에 있는 궁궐만큼이나 화려했다. 제선왕은 맹자에게 설궁을 자랑하고 싶었다.
"현명한 사람에게도 이런 즐거움이 있습니까?"
맹자가 대답했다.
"네, 있습니다. 그러나 사람들은 대부분 이런 즐거움을 누리지 못하면 윗사람을 비난합니다. 우선 비난을 하는 사람들도 잘못이 있지만, 윗자리에 앉아서 백성과 함께 즐기지 않는 왕의 잘못도 있습니다. 왕이 만약 백성이 즐거워하는 일을 즐거워하신다면 백성도 왕이 즐거워하는 일을 즐거워할 것입니다. 마찬가지로 백성의 걱정거리를 알고 걱정하신다면 백성도 왕의 걱정거리를 걱정할 것입니다. 이처럼 왕과 백성이 함께 즐거워하고 걱정하는 분위기에서 왕도정치를 하지 못했던 왕은 아직 없습니다."

-「양혜왕(梁惠王)」하편, 4장

가장 먼저 돌봐야 할 사람들은 누구인가?

　제선왕이 맹자에게 왕도정치의 내용에 대해 물었다. 맹자가 대답했다.
"주나라 문왕이 행했던 정치를 보면 왕도정치의 내용을 알 수 있습니다. 문왕은 기주(岐周) 지역을 다스릴 때, 농민에게 생산량의 9분의 1만 세금으로 받았고, 벼슬을 해서 나라에 공을 세운 사람의 후손에게 대대로 봉급을 줬으며, 관문을 지나는 행인에게 통행세를 받지 않았고, 시장에 순찰 인력을 파견하여 사고를 막았으나 자릿세를 받지 않았으며, 연못에서 수렵하는 행위를 금지하지 않았고, 형벌을 집행할 때 연좌제를 시행하지 않았습니다."
"…."
"아울러 문왕은 곤궁하게 살면서도 어디에 하소연할 곳도 없는 처지에 놓인 사회적 약자를 우선으로 배려했습니다. 나이가 들었는데 아내가 없는 남자, 반대로 남편이 없는 여자, 고아, 독거노인이 바로 이런 사람들입니다. 『시경(詩經)』「정월(正月)」편에 '부자들은 괜찮지만, 이 외로운 사람들이 가엾다'는 구절이 나오는데요. 문왕의 지향점이 어디에 있는지 알 수 있는 대목이라 하겠습니다."

-「양혜왕(梁惠王)」하편, 5장

일은 전문가에게 맡겨야 한다

맹자가 제나라 선왕에게 말했다.
"왕께서 만약 큰 궁궐을 지으려고 하신다면 반드시 우두머리 장인(匠人)에게 큰 나무를 구하게 하실 겁니다. 장인이 큰 나무를 구해 오면 왕은 장인이 일을 잘했다고 하면서 기뻐하실 겁니다. 그런데 목수가 그 나무를 깎아서 자게 만들면 왕은 목수가 일을 제대로 하지 못했다고 하면서 화를 내실 겁니다. 사람이 어려서부터 무언가를 배우는 이유는 커서 그걸 써먹으려고 해서인데 왕이 '우선 네가 배운 건 버려두고 나를 따르라'고 하신다면 그 사람은 어떡해야 하겠습니까? 지금 여기에 가공되지 않은 옥이 있다고 가정해 보겠습니다. 왕은 아마 그 옥이 20만 냥씩이나 되더라도 반드시 장인을 시켜 새기고 쪼개게 하실 겁니다. 그런데 나라를 다스리는 일에 있어서 유능한 사람에게 '우선 네가 배운 건 버려두고 나를 따르라'고 하신다면 장인에게 옥을 가공하는 방법을 가르치려 드는 것과 무엇이 다르겠습니까?"

-「양혜왕(梁惠王)」하편, 9장

어진 정치를 베풀면
백성은 나라에 충성을 다한다

 추(鄒)나라가 노(魯)나라와 싸웠는데 추나라의 관리 33명이 전사했다. 목공(穆公)이 맹자에게 말했다.
"내 부하들은 이렇게 많이 죽었는데 백성 중에는 죽은 사람이 없습니다. 어떻게 나라의 관리가 죽는데도 아무도 나서지 않는다는 말입니까? 괘씸해서 처벌해야겠는데 너무 많아서 그럴 수가 없고, 그냥 두면 앞으로도 이런 일이 반복될 테니 처벌을 안 할 수도 없는 상황입니다. 어째야 할지 모르겠습니다."
맹자가 대답했다.
"이건 백성을 탓할 문제는 아닌 것 같습니다. 제가 보기엔 백성이 관리들에게 복수한 겁니다. 관리들이 뿌린 대로 거뒀다는 말씀입니다. 공자의 제자 증자(曾子)가 그렇게 말했지요. '너에게서 나온 것은 결국 너에게 돌아간다.' 이런 경우를 두고 한 말입니다."
"그게 무슨 말씀입니까?"
"지난번 추나라에 흉년이 들었습니다. 그때 노약자들은

어디로 가지도 못하고 배회하다가 죽어서 골짜기의 시신이 되었지요. 그나마 움직일 수 있는 젊은 사람들 몇 천 명은 사방으로 흩어졌고요. 백성의 삶이 이 지경이 되었는데도 왕의 창고에는 곡식이 가득하고, 재물이 쌓여 있었습니다. 관리라면 당연히 왕에게 이런 사실을 보고해야 하는데 그런 사람도 없었습니다. 이건 윗사람이 게을러서 아랫사람을 죽인 겁니다."

"...."

"왕께서 어진 정치를 베풀어 보십시오. 백성은 왕과 관리를 아끼는 마음을 지니고 나라를 위해 죽을 겁니다."

-「양혜왕(梁惠王)」 하편, 12장

정직해야
큰 용기를 지닐 수 있다

증자(曾子)가 말했다.

"나는 예전에 스승인 공자에게 '큰 용기'에 대해서 들은 적이 있다. 공자는 이렇게 말씀하셨다. '나를 반성했을 때 정직하지 못했다면 상대가 별 볼 일 없는 사람이라도 나는 그를 두려워해야 한다. 반면 정직했다면 천 명 만 명이 내 앞에 있더라도 그들과 당당히 상대할 것이다.' 대체로 사람들은 힘센 사람에게 기죽지 않고 맞서거나 수천 명 앞에서도 주눅 들지 않는 걸 두고 용기가 있다고 한다. 정신력이 강한 사람을 용기 있는 사람이라고 인정하는 것이다. 그러나 그 정신력의 바탕에 정직함이 없다면 그건 용기가 아니라 객기일 뿐이다."

-「공손추(公孫丑)」 상편, 2장

미리 기대하면
좋은 결과를 얻을 수 없다

 호연지기(浩然之氣, 강하고 큰 기운)를 기르려면 지속적으로 옳은 일을 실천하되, 미리 옳은 일의 결과를 기대하지 않아야 한다. 그렇다고 해서 현재 옳은 일을 하고 있다는 사실까지 잊어서는 안 되고, 좋은 결과를 얻기 위해 억지로 조장(助長)하지도 않아야 한다.

조장은 '억지로 성장을 돕는다'는 뜻인데 어떤 송(宋)나라의 농부의 일화에서 비롯되었다. 농부는 자신의 논에 있는 벼의 싹이 빨리 자라지 않는 걸 보고 조바심이 나서 싹이 자란 것처럼 보이게 싹을 위로 뽑아 올렸다. 그러고는 집으로 돌아와서 식구들에게 이렇게 말했다. "내가 오늘 싹이 자라는 걸 돕고 왔더니 되게 피곤하다." 이 말을 들은 농부의 아들이 다음 날 논에 가서 보니 벼는 이미 말라 죽어 있었다.

 사람들은 아마 이 농부를 어리석다고 말할 것이다. 그러나 이 농부처럼 싹을 뽑아 올리는 사람들이 꽤 많다. 벼가 자라서 결실을 맺으려면 오랜 시간을 쓰고, 중간중간에 잡초를 뽑고 거름도 주는 일을 해야 한다. 이처럼 호연지기도 하루아침에 길러지지 않는다. 나에게는 호연지기가 필요 없다고 생각할 수 있다. 이렇게 생각하는 사람은 잡초를 뽑지 않고 벼를 내버려두는 사람이라 할 수 있다. 바람직하진 않지만 최소한 벼를 죽이지는 않는다. 반면 호연지기를 기른다고 하면서 억지로 조장하는 사람은 싹을 뽑는 사람이라 할 수 있다. 호연지기를 기르지도 못할 뿐더러 오히려 자신을 해치게 된다.

-「공손추(公孫丑)」상편, 2장

네 가지 나쁜 말을
알아채야 하는 이유

편파적인 말을 들으면 그 말을 한 사람이 무엇을 숨기려 하는지 알 수 있고, 지나친 말을 들으면 그 사람이 어떤 일에 빠져 있는지 알 수 있고, 사악한 말을 들으면 그 사람의 어떤 면이 바르지 않은지 알 수 있고, 빙빙 돌리며 도망가는 말을 들으면 그 사람의 빈약한 논리를 알 수 있다. 이런 말을 알아채야 하는 이유는 이 네 가지 나쁜 말은 한 사람의 마음에서 비롯되었을 뿐이지만 정치에 악영향을 끼치며, 정치에 적용될 경우 사람의 일상에도 피해를 주기 때문이다.

-「공손추(公孫丑)」 상편, 2장

덕이 있어야
따르는 이들이 있다

남이 나를 따르게 하고 싶다면 권력이나 재력을 내세워선 안 된다. 이와 같은 힘으로 굴복시키면 남은 진심으로 나를 따르지 않는다. 만약 따른다면 그건 그 사람의 힘이 모자라서이기 때문일 뿐이다. 모두를 포용하는 덕을 보여줘야 나를 따른다. 공자(孔子)에게는 힘은 없었지만, 덕이 있었기 때문에 70명의 제자들이 마음을 다해 공자를 따랐던 일이 좋은 예라고 할 수 있다.

-「공손추(公孫丑)」상편, 3장

| 화와 복은 모두 내 언행의
결과물이다

『시경(詩經)』「문왕(文王)」 편에서는 "언제나 하늘의 명령에 부합하려고 생각하는 것이 스스로 많은 복을 구하는 방법이다"고 했으며, 『서경(書經)』「태갑(太甲)」 편에서는 "하늘이 내리는 재앙은 피할 수 있지만, 스스로 만든 재앙에서는 살아날 방법도 없다"고 했는데, 이 두 격언은 화와 복은 밖에서 오는 것이 아니라 나의 생각과 행동으로 인해 얻은 결과라는 점을 알려주는 말이다.

-「공손추(公孫丑)」 상편, 4장

리더에게는 존중할 수 있는 아랫사람이 필요하다

맹자가 제선왕에게 말했다.

"앞으로 큰 성과를 내려고 하는 군주에게는 반드시 함부로 부르지 못하는 신하가 있어야 합니다. 상의할 일이 있으면 찾아가야 하니 상대의 도덕을 존중하고 즐거워하는 태도가 최소한 이 정도도 되지 않는 군주와는 함께 큰 성과를 낼 수 없습니다."

-「공손추(公孫丑)」하편, 2장

일정한 직업이 없으면
나쁜 마음이 고개를 든다

맹자가 등문공(滕文公)에게 말했다.
"사람들은 일정한 직업이 있어야 삶에도 여유가 생겨서 좋은 마음을 지닙니다. 반대로 직업이 없으면 삶이 팍팍해지면서 나쁜 마음이 고개를 듭니다. 이런 결과로 바르지 못한 짓을 하며 진 술수를 부리는 일이 많아집니다. 내일이 없다는 생각에 방탕한 생활을 하게 됩니다.
이런 일이 지속되면 필연적으로 죄를 짓는 사람이 늘어납니다. 그만큼 처벌할 일도 많아지는 셈입니다. 이런 악순환이 일어나는 이유는 나라에서 사람들에게 일정한 직업을 마련해 주지 않았기 때문인데, 그에 대한 대책이 없이 처벌하는 일을 능사로 여긴다면 이것은 사람이 죄짓는 걸 기다렸다가 그물질을 해서 잡는 것과 같습니다. 그래서 좋은 군주가 되려면 공손한 마음을 지니고 검소한 생활을 하면서 아랫사람을 잘 대우해 주고, 세금은 적절한 만큼만 거둬야 하겠습니다."

-「등문공(滕文公)」상편, 3장

내가 먼저
권력자를 찾아가지 않는다

증자(曾子)는 "권력자에게 어깨를 움츠려 아첨하는 웃음을 짓는 것은 여름철 뙤약볕이 내리쬐는 밭에서 일하는 것보다 더 힘들다"고 했고, 자로(子路)는 "속으로는 상대와 뜻을 함께하지 않으면서 겉으로는 상대에게 동의한다고 말하는 사람의 얼굴에는 붉은빛이 돈다. 찔리는 마음이 있기 때문이다. 나는 이런 짓을 정말 싫어한다"고 했다. 권력자가 초대하지도 않았는데 굳이 내가 먼저 굽히고 만날 이유가 없다. 설령 만나게 되더라도 마음에 없는 말을 할 필요도 없다는 뜻이다. 나는 이 둘을 따르겠다.

-「등문공(滕文公)」하편, 7장

좋은 결과를 얻지 못하면
먼저 나를 반성해야 한다

    남을 아껴주었는데도 나와 친해지지 않으면 나의 어진 마음이 그에게 닿지 않았는지 반성해야 하고, 남을 잘 이끌고 있는데도 나를 따르지 않으면 나의 지혜가 부족하지 않은지 반성해야 하며, 남에게 예의를 갖춰 대접했는데도 반응하지 않으면 나의 공경이 부족하지는 않았는지 반성해야 한다. 이처럼 내가 최선을 다했는데도 좋은 결과가 따라오지 않으면 먼저 나에게서 원인을 찾아보아야 한다. 내가 바르면 사람들이 나에게 와서 의지하게 마련이기 때문이다.

-「이루(離婁)」 상편, 4장

모든 문제는 바깥이 아닌 내부에 있다

　개인이나 조직은 외적인 요인보다 내부의 문제 때문에 망하는 경우가 많다. 대체로 사람은 스스로 자신을 모욕한 뒤에 남이 그 사람을 모욕하며, 집안은 안에서 망가진 뒤에 남이 그 집안을 훼손하며, 나라는 안에서 무너진 뒤 밖에서 그 나라를 파괴한다.

-「이루(離婁)」 상편, 8장

자포자기하는 사람과는 함께 일할 수 없다

자포자기(自暴自棄)하는 사람과는 함께 좋은 일을 두고 대화를 할 수 없고, 보람 있는 일을 할 수도 없다. 걸핏하면 "예의 따위는 필요 없다"고 하면서 예의를 폄하하는 것을 '자포(스스로를 해침)'라 하고, "어질고 의로운 게 밥 먹어주냐. 나는 내 멋대로 살겠다"고 하는 것을 '자기(스스로를 버림)'라고 한다. 비유하자면 어진 마음은 사람의 편안한 집과 같고, 의로움은 사람이 가야 할 바른 길과 같은데, 현실을 보면 편안한 집을 비워둔 채 살지 않고, 바른 길을 버리고 가지 않는 사람들이 많으니 안타깝다.

-「이루(離婁)」상편, 10장

성실해야 남의 마음을 움직일 수 있다

윗사람의 신임을 얻지 못하면, 많은 사람을 이끌 수 없다. 윗사람에게 신임을 얻으려면 먼저 친구의 신임을 얻어야 하고, 친구의 신임을 얻으려면 먼저 부모의 마음을 기쁘게 할 수 있어야 한다. 스스로 반성해 보았을 때 성실하다면 부모의 마음을 기쁘게 할 수 있고, 선을 추구하는 마음이 분명해야 나를 성실하게 할 수 있다. 이처럼 성실함이라는 건 사람의 관계를 유지해 주는 본질적이며 변하지 않는 가치라 할 수 있으므로 사람은 성실해지기 위해 노력해야 하는 것이다. 성실하면 남의 마음을 움직일 수 있고, 성실하지 못하면 남의 마음을 움직일 수 없다.

-「이루(離婁)」 상편, 12장

공손함과 겸손함은
말로 얻을 수 있는 게 아니다

　공손한 마음을 지닌 사람은 남을 업신여기지 않고, 검소하게 사는 사람은 남의 물건을 빼앗지 않는다. 그런데 말로는 공손함과 검소함을 좋아한다고 하면서, 행동을 보면 남을 업신여기거나 남의 물건을 빼앗는 군주가 있다. 자기의 감정대로 아랫사람을 부리며, 백성에게 가혹한 세금을 부과하여 자신의 배를 불린다. 이런 군주는 오로지 남이 자신을 따르지 않을까 염려할 뿐 다른 일에 관심을 두지 않는다. 공손함과 검소함은 인자하게 웃는 표정과 좋은 목소리로 얻을 수 있는 게 아니다.

-「이루(離婁)」 상편, 16장

부모와 자식은 서로에게 '잘하라'고 요구하지 않아야 한다

　가능하다면 부모는 자식을 직접 가르치지 말고, 좋은 선생에게 맡기는 게 좋다. 부모는 자식에게 바른길을 가라고 할 텐데 자식이 따르지 않으면, 자식에게 화를 낼 것이고, 자식은 마음을 다치게 된다. 게다가 부모도 사람이라서 완벽하지 못하기 때문에 자식은 속으로 '부모님은 나한테 바른길을 가라고 하는데, 가만 보면 자신들도 바르게 살고 있지 못하면서 나한테만 바른길을 강요한다'고 생각한다. 이렇게 서로를 탓하게 되면 부모 자식 사이에 의가 상하게 되는 최악의 결과를 얻게 된다. 그래서 옛날에는 이런 일을 막기 위해 부모들이 자식을 서로 바꿔서 가르치기도 했다.

부모 자식 사이에서 가장 나쁜 일은 이처럼 서로 탓하다가 정이 떨어져 버리는 일이다. 부모와 자식은 서로에게 '잘하라'고 요구하지 않아야 한다. 잘하라고 요구하면 할수록 그만큼 정이 떨어지기 때문이다.

-「이루(離婁)」 상편, 18장

남의 칭찬이나 비난에
일희일비할 필요가 없다

 살다 보면 칭찬 받을 만한 일을 하지 않았는데 칭찬을 받고, 완벽하게 하려다 비난을 받기도 한다. 칭찬과 비난이 반드시 사실에 부합하지는 않는다는 뜻이다. 그러므로 남의 칭찬이나 비난에 일희일비할 필요가 없고, 남을 살필 때도 그에 대한 칭찬이나 비난을 바탕으로 쉽게 판단해선 안 된다.

-「이루(離婁)」 상편, 21장

가르치려 드는 태도는
내 발전에 도움이 되지 않는다

많이 배워서 아는 게 많아지면 자연스레 남을 가르치고 싶어지게 마련이다. 그러나 자기만족에 빠져 남이 나에게 가르침을 청하지 않았는데도 가르치려 들면 안 된다. 학업의 진보가 멈추기 때문이다. 이처럼 남의 선생이 되는 걸 좋아하면 내 발전에 도움이 되지 않는다.

-「이루(離婁)」 상편, 23장

정치인은 근본적인 문제를 해결하는 사람

정(鄭)나라의 벼슬아치 자산(子産)은 어느 날 길을 가다가 강을 건너지 못하는 백성을 보고 자신의 수레로 한 사람 한 사람씩 강을 건너게 해주었다. 이 일을 두고 사람들은 자산을 훌륭하다고 칭찬했다. 그러나 맹자의 생각은 조금 달랐다.

"좋은 사람이라고 할 수는 있겠지만, 훌륭한 정치가라고 할 수는 없다. 백성들이 강을 건널 때마다 그 자리에 대기하면서 자신의 수레를 쓰게 할 건가? 11월에는 사람이 건널 수 있는 다리를 놓고, 12월에는 수레가 지나갈 수 있는 다리를 놓으면 된다. 이렇게 해서 모두의 불편함을 덜어주면 자신이 행차할 때 '길을 비키라'고 해도 백성들은 원망하지 않을 것이다. 정치인은 한 사람 한 사람에게 일일이 은혜를 베풀어 주는 사람이 아니다. 근본적인 문제를 해결하는 사람이다."

-「이루(離婁)」하편, 2장

헛된 마음이 없어야
좋은 일을 할 수 있다

　염치없이 명성이나 재물을 얻으려는 짓을 하지 않아야 좋은 일을 할 수 있다. 의롭지 못한 일을 뿌리쳐야 의로운 마음을 펼칠 수 있다는 뜻이다.

-「이루(離婁)」하편, 8장

명성에 걸맞은 실력을 갖추지 못하면 결국 도태된다

공자는 물을 두고 자주 감탄을 했다. 물의 어떤 점이 공자의 마음을 움직였을까? 물은 작은 원천(源泉)에서 솟아올라 쉬지 않고 흐른다. 가다가 구덩이를 만나면 그 구덩이가 깊든 얕든 모두 채운 뒤에야 다시 나아가서 결국 바다에 도달한다. 공자는 근원이 있는 물은 마르지 않고 끊임없이 나아간다는 점에 주목했던 것이다. 만약 근원이 없는 물이라면 장마철에 내리는 빗물처럼 잠시 시냇물을 채우겠지만 결국 흐르지 못하고 말라버릴 것이다.

이처럼 배우는 사람은 크고 작은 난관에 부딪히더라도 물이 구덩이를 다 채우고 흘러가는 것처럼 모두 해결하면서 나아가야 한다. 꾸준히 공부하면서 내실을 다져야 한다는 말이다. 그렇지 않고 문제를 대충 넘기면서 진도만 나가면 당장은 발전하는 것처럼 보이겠지만, 시냇물이 마르는 것처럼 결국 바닥이 드러난다. 그래서 지혜로운 사람은 실력에 비해 명성이 높은 걸 부끄럽게 여긴다.

-「이루(離婁)」하편, 2장

좋은 일도 지나치게 하는 것은 옳지 않다

처음엔 가져도 될 거 같다는 생각이 들었는데 깊이 생각해 보니 가지면 안 되겠다는 마음이 들었다면 가지지 않는 게 좋다. 마찬가지로 처음엔 줘도 될 거 같다는 생각이 들었는데 나중에 주면 안 되겠다는 마음이 들면 주지 않는 게 좋다. 처음엔 목숨을 걸어도 될 거 같다는 생각이 들었다가 그러지 않아도 된다는 생각이 들었다면 목숨을 걸지 않는 게 좋다. 그러나 사람들은 이런 상황에서 가지고, 베풀고, 목숨을 걸면서 '청렴하다', '은혜를 베풀었다', '용기를 실천했다'고 하는 경우가 많다. 그렇지 않다. 모두 지나친 행동일 뿐이다.

-「이루(離婁)」하편, 23장

내 잘못이 없다면
나를 탓할 필요가 없다

    성품이 어진 사람은 남을 아끼고 예절이 바른 사람은 남을 존중한다. 내가 남을 아끼면 남도 나를 아껴주고, 남을 존중하면 남도 나를 존중해 주는 법이다. 그러므로 만약 누군가가 나에게 억지를 쓰며 무례하게 굴면 나는 먼저 '내 성품이 어질지 못하고, 예절이 없었나 보다. 그러니까 나에게 이런 일이 생기지'라고 돌이켜 봐야 한다. 반성해서 나에게 문제가 없었다는 결론을 얻었는데도 같은 일이 반복된다면 '내가 진실하지 않고, 진심을 다하지 않았나?' 하고 생각해 봐야 한다. 생각을 해서 문제가 없다는 결론을 얻었는데도 역시 전과 다르지 않다면 '그 사람은 이상한 사람일 뿐이다. 생각 없는 짐승과 다름없다. 이런 사람을 비난해 봐야 무슨 소용이 있겠나'라고 여기면 된다.

-「이루(離婁)」하편, 28장

구차하게 부유함과 높은 지위를
얻으려 하지 마라

제나라에 본처와 첩과 함께 한 집에 사는 사람이 있었다. 이 사람은 늘 외출하면 술과 고기를 배불리 먹은 뒤에 돌아왔다. 본처가 '누구와 같이 먹었냐?'고 물으면 '유명한 사람'이라고 대답했다.

어느 날 본처가 첩에게 말했다.

"남편은 늘 유명한 사람과 만난다고 하는데 정작 우리 집에는 그런 사람이 온 적이 없잖아요. 제가 내일 남편 뒤를 밟아볼까 합니다."

본처는 일찍 일어나서 남편을 미행했다. 남편은 거리를 돌아다니기만 할 뿐, 누구와도 대화를 하지 않았다. 그러더니 동쪽 성문의 밖에 있는 묘지로 가서 장례를 치르는 사람에게 음식을 얻어먹고, 부족하면 다른 데로 가서 또 얻어먹었다. 남편은 그간 이런 식으로 술과 고기를 배불리 먹은 것이었다. 이 모양을 본 본처는 집으로 돌아와서 첩에게 말했다.

"남편은 우리가 의지하면서 평생을 살아야 하는 사람인

데, 지금 보니 이런 사람이었습니다."

본처와 첩은 남편을 원망하며 울기 시작했다. 잠시 후에 남편은 돌아와서 이 모양을 봤지만, 전후 사정을 모르니 늘 그랬던 것처럼 본처와 첩에게 으스댔다. 사람들은 아마 남편을 비웃을 것이다. 그러니 세상의 많은 사람들은 이 사람처럼 비굴하게 부유함과 높은 지위를 얻으려 애를 쓰며 산다. 이런 비굴한 실상을 알게 된다면 본처와 첩처럼 실망해서 울지 않을 사람이 드물 것이다.

-「이루(離婁)」하편, 33장

글의 뜻을 이해하려면
작가의 의도를 헤아려야 한다

『시경(詩經)』「운한(雲漢)」편에 "주나라에 남아 있는 백성이 없다"는 구절이 나온다. 이 구절은 가뭄이 심해져서 백성이 없어질 지경이라는 현실을 표현한 것이지, 실제로 주나라에 백성이 한 명도 없다고 말한 게 아니다. 이처럼 시어를 액면 그대로 받아들여 시가 전달하려는 뜻을 잘못 파악해선 안 된다. 시를 이해하려면 깊이 생각하여 작가의 의도를 헤아려 봐야 글의 뜻을 제대로 알 수 있다.

-「만장(萬章)」상편, 4장

나부터 깨끗해야 세상을 바로잡을 수 있다

세상에서 훌륭하다고 이름난 사람들이 처세했던 방식은 각자 다르다. 누군가는 세상을 버리고 숨어 살기도 했고, 누군가는 군주의 측근에서 맡은 역할을 했고, 누군가는 군주를 떠나기도 했고, 떠나지 않기도 했다. 이처럼 겉보기엔 다르지만 이들이 공통적으로 지향했던 건 자신을 깨끗이 하는 것이었다. 자신부터 깨끗해야 남을 바로잡을 수 있다는 말이다. 소신을 꺾으면 남을 바로잡을 수 없고, 비굴하게 낮추면 세상을 바로잡을 수 없다.

-「만장(萬章)」상편, 7장

자신을 바로 세운 사람은
너그러워진다

노(魯)나라의 재상이었던 유하혜(柳下惠)는 시원찮은 군주 밑에서 일해도 부끄러워하지 않았고, 낮은 직위를 주어도 받았으며, 일을 하게 되면 능력을 발휘해서 자신의 임무를 다했다. 파면을 당해도 남 탓을 하지 않았고, 곤궁하게 살아도 고민하지 않았으며, 속된 사람들과 섞여 있어도 즐거워하면서 떠나지 않았다. 그러고는 이렇게 말했다. "당신은 당신이고 나는 나다. 당신이 내 앞에서 팔을 걷어붙이거나 웃통을 벗는 짓을 하더라도 나를 더럽힐 수 없다." 이런 태도를 본받으면 속이 좁은 사람은 너그러워지고 야박한 사람은 인정이 많아지지 않을까 한다.

-「만장(萬章)」하편, 1장

이상적인 교제는 상대의 훌륭한 점을 배우는 것이다

친구를 사귈 땐 나이, 신분, 형제의 좋은 배경을 내세우면 안 된다. 이상적인 교제는 이런 외적인 면과 상관없이 상대의 훌륭한 점을 본받는 가운데 이루어진다. 정리하면 '친구를 사귄다'는 건 '상대의 훌륭한 점과 사귄다'고 할 수 있겠다.

-「만장(萬章)」하편, 3장

주어진 자리에서 맡은 바 업무에 충실하라

낮은 자리에 있으면서 높은 자리의 일에 대해 왈가왈부하는 건 죄를 짓는 것과 마찬가지고, 높은 자리에 있으면서 성과를 내지 못하는 건 부끄러운 일이다. 주어진 자리에서 할 수 있는 일에 충실해야 한다.

-「만장(萬章)」 하편, 5장

배우는 사람에게
필요한 마음가짐

내가 현재의 한 지역, 한 나라, 세상을 대표할 만큼의 역량을 지녀야 나와 비슷한 사람을 만나서 그와 교제하며 배울 수 있다. 그렇게 되겠다는 목표를 세우고 노력해야 한다. 현재에 만족해선 안 된다. 훌륭한 옛사람들이 남긴 시를 외고, 글을 읽으면서 그들에게서 배울 점을 찾아야 한다. 현재 훌륭한 사람뿐만 아니라 시대를 거슬러 올라가 옛사람과도 친구가 되라는 말이다. 이처럼 배우는 사람은 끊임없이 발전을 꾀해야 한다.

-「만장(萬章)」하편, 8장

성과는 머리가 아닌
의지의 문제

혁추(奕秋)라는 바둑 고수가 있다. 두 사람이 혁추에게 바둑을 배운다고 가정해 보겠다. 한 사람은 혁추의 말에 집중하면서 잘 배우고, 한 사람은 혁추의 말을 들으면서 속으로 '기러기와 고니가 오면 활을 쏴서 맞춰야지'라고 딴생각을 하고 있다면 바둑을 잘 둘 수가 없을 것이다. 반면 집중해서 배운 사람은 바둑을 잘 두게 될 것인데, 이런 차이가 생기게 된 이유는 두 사람의 머리가 아닌 의지 때문이다. 좋은 선생을 만나더라도 배우려는 의지가 없으면 성취할 수 없다.

-「고자(告子)」 상편, 9장

삶과 죽음보다 중요한 것

나는 살고 싶기도 하고, 의로움을 추구하고 싶기도 하다. 그러나 둘 중에 하나만 가질 수 있다면 삶을 버리고 의로움을 택하겠다. 삶을 버려서라도 얻어야 할 가치가 의라고 믿기 때문에 구차하게 살기를 바라지 않는 것이다. 나는 죽고 싶지 않다. 그러나 죽기보다 싫은 건 양심을 저버리는 것이라고 믿기 때문에 죽을 고비가 와도 피하지 않을 것이다.

사람이 오직 삶을 최고의 가치라고 여긴다면 살기 위해 무슨 짓이든 할 수 있을 것이고, 가장 싫어하는 것이 죽음이라면 죽을 고비가 오면 어떻게든 피하려 할 것이다. 그러나 세상 돌아가는 걸 보면 살 수 있는 방법이 있는데도 쓰지 않고, 죽을 고비를 피할 수 있는데도 피하지 않는 사람들이 있다. 이렇게 보면 사람에게는 삶보다 더 얻고 싶은 게 있고, 죽음보다 더 싫어하는 게 있다는 걸 알 수 있다.

-「고자(告子)」 상편, 10장

남이 주는 것은
내 것이 될 수 없다

　사람에게는 누구나 어진 성정과 올바름을 추구하는 마음이 갖추어져 있다. 이것이 가장 고귀한 가치인데 사람들은 이를 생각하지 않고 남이 우러러보는 높은 지위와 부를 차지하려고 애쓴다. 그러나 따지고 보면 높은 지위와 부유함은 결국 남이 나에게 주는 것이므로 언제든 남이 빼앗아 갈 수도 있다. 이처럼 외적인 요인에 의해 좌우되는 부귀는 실제 나에게 귀한 것이 될 수 없다.

-「고자(告子)」 상편, 17장

두 가지 불효

부모의 잘못이 큰데도 부모에게 말을 하지 않는다면 이건 서로 대화를 하지 않겠다는 생각을 표현하는 것과 같아서 결국 부모 자식의 사이가 벌어지게 된다. 부모에게 불효를 저질렀다 할 수 있다. 반대로 부모의 잘못이 작은데도 시시콜콜 지적한다면 이건 부모를 옭아매서 부모가 자식에게 한마디도 못 하게 하는 것과 같다. 이 역시 불효라고 하겠다.

-「고자(告子)」하편, 3장

고난은 몸과 마음을 단련시키고 힘을 기르게 한다

하늘은 사람에게 큰 임무를 부여하기 전에 반드시 그 사람에게 고민거리를 주어 마음을 괴롭게 하고, 힘든 일을 주어 몸을 움직이게 하고, 가난을 주어 굶게 하고, 곤궁한 처지에 빠지게 해서 하는 일마다 뜻대로 되지 않도록 막아 버린다. 이렇게 해서 그 사람의 몸과 마음을 단련시키고 참을성을 기르게 해서, 불가능한 일도 해낼 수 있는 힘을 기르게 하는 것이다. 사람은 늘 잘못을 저지른 뒤에 고치고, 고민거리가 있고 막히는 일에 직면해야 분발하며, 무슨 일이든 겉으로 드러나는 결과를 보고서야 깨닫게 마련이므로 하늘이 미리 준비를 시킨다고 이해하면 되겠다. 나라의 경우도 마찬가지다. 안으로 법도를 수호하는 신하가 없고 군주에게 직언하며 돕는 선비가 없고, 밖으로 우리와 대적할 나라가 없고, 외국의 위협이 없는 나라는 항상 망했다. 이렇게 보면 사람은 크고 작은 걱정거리가 있어야 살고, 안락하면 죽는다는 사실을 알 수 있다.

-「고자(告子)」하편, 15장

가족을 사랑하는 마음을
남에게도 베풀어 보자

　누구나 가족을 사랑하는 마음을 실천하지만 너무 자연스럽고 익숙하다 보니 평생 그 마음을 쓰고 있으면서도 남에게 베푸는 방법을 모르고, 왜 그래야 하는지도 모르는 경우가 많다. 가족을 사랑하는 일과 사회에 기여하는 좋은 일은 본질적으로 다르지 않다는 걸 모르기 때문이다. 가족을 사랑하는 마음을 남에게 베풀면 사회 분위기가 밝아지고, 좀 더 좋은 사람이 될 수 있을 것이다.

-「진심(盡心)」상편, 5장

남의 마음을
내 마음처럼 헤아린다면

　남이 싫어하는 일은 나도 싫어하는 법이다. 그러므로 남에게 내가 싫어하는 일을 하지 못하게 해야 하고, 나 역시 남이 싫어하는 일을 하지 않는다. 이처럼 하지 말아야 할 일을 하지 않고, 하고 싶어 하면 안 되는 일을 하려 들지 않는다면 사는 데 큰 문제가 없을 것이다.

-「진심(盡心)」 상편, 17장

백성이 부유하고 넉넉한 인심을 갖게 하려면

　나라가 백성을 부유하게 하려면 농지에서 일을 잘하게 하고 적은 세금을 부과하면 된다. 철에 맞게 먹도록 하고 절약을 권장하면 재물이 풍족해질 것이다. 사람에게 물과 불은 매우 귀중하다. 물과 불이 없으면 살 수 없기 때문이다. 그러나 이처럼 귀한데도 밤에 남의 집 문을 두드리면서 달라고 하면 대부분 주는 이유는 남아돌기 때문이다. 그래서 옛날의 훌륭한 군주는 백성이 곡식을 물과 불처럼 충분히 소유하도록 했으니, 곡식이 이처럼 풍족하다면 인심이 후해져서 각박한 사람이 거의 없어질 것이다.

-「진심(盡心)」상편, 23장

사람을 깊이 살핀 후에
상벌을 써야 한다

　버려서는 안 되는 사람을 버리는 사람이라면 어떤 사람이든 다 버릴 수 있고, 후하게 대접해야 할 사람에게 박하게 대접하는 사람이라면 누구에게든 다 박하게 할 수 있다. 이처럼 상벌을 함부로 쓰면 죄 없는 사람들과 가까운 사람들이 불안해진다. 사람을 깊이 살피지 않고 급하게 상벌을 쓰면 후회할 일이 빨리 찾아온다.

-「진심(盡心)」상편, 44장

상대가 중시하는 것이
무엇인지 알려면

　명예를 중시하는 사람은 한 나라를 주더라도 가볍게 거절할 수 있다. 그러나 정말로 부유함을 가볍게 여기는 사람이 아니라면 밥 한 그릇과 국 한 사발에도 자기도 모르게 탐하는 마음이 얼굴에 드러난다. 그래서 사람을 살필 때는 그 사람이 가볍게 여기는 것이 무엇인지를 보면 역으로 그 사람이 중시하는 게 무언지 알 수 있다.

-「진심(盡心)」하편, 11장

| 군주의
| 세 가지 보물

군주는 영토와 백성과 정치를 보물로 여겨야 한다. 영토를 잘 지키고, 백성을 잘 보살피고, 좋은 정치를 하는 데 전념해야 한다는 말이다. 그렇지 않고 보석과 같은 사치품을 보물로 여기는 군주는 반드시 화를 입을 것이다. 주변에서 보물을 탐내어 그 군주에게 위해를 가할 것이기 때문이다.

-「진심(盡心)」하편, 28장

말을 해야 할 때와
하지 말아야 할 때를 구분하기

굳이 말하지 않아도 되는데 억지로 말을 하려 드는 건 말을 해서 이익을 취하려고 하는 것이다. 실언을 할 확률이 높다. 대화를 할 만한데도 굳이 말을 하지 않으려 드는 건 침묵으로써 이익을 취하려고 하는 것이다. 사람을 잃는 결과를 얻게 된다. 이 두 가지 모두 남의 집 담을 뚫거나 넘어가서 물건을 훔치는 것과 비슷한 행위다.

-「진심(盡心)」하편, 31장

괴롭게 사는 사람이 많은 이유

좋은 말은 쉬우면서 깊은 뜻을 담은 말이고, 선한 영향은 자신이 지킬 것만 잘 지켜도 널리 퍼진다. 훌륭한 사람의 말은 눈에 보이는 평범한 것에서 벗어나지 않는데도 그 안에 깊은 뜻이 있고, 자신을 바로잡을 뿐인데도 세상에 선한 영향을 주는 것이다. 모두가 이렇게 산다면 괴로워할 일이 없을 것이다. 그런데도 괴롭게 사는 사람이 많은 이유는 비유하자면 자기 밭의 잡초는 그냥 놔두면서 남의 밭에 있는 잡초를 뽑으려고 하는 사람이 많아서 그렇다. 이처럼 세상에는 남에게는 엄하면서 자신에게는 관대한 사람이 너무나 많다.

-「진심(盡心)」하편, 32장

마음을 다스리려면
욕심을 줄여야 한다

　마음을 다스리는 데에는 욕심을 줄이는 것보다 더 좋은 방법이 없다. 욕심이 적은 사람은 나쁜 마음을 품고 있더라도 그 양이 적고, 욕심이 많은 사람은 선한 마음을 품고 있더라도 그 양이 적다.

-「진심(盡心)」하편, 35장

3장 대학

나를 다스리고 사회인으로 세상에 기여하는 방법
수신제가(修身齊家) 치국(治國) 평천하(平天下)

대학 소개글

 대학은 유가 경전 중 하나인 『예기(禮記)』의 42편의 제목이었다. 대학은 '대인지학(大人之學, 대인의 학문)'의 줄임말이다. 따라서 『대학』에는 큰 사람이 되는 데 필요한 덕목이 수록되어 있다. 현재 우리가 쓰고 있는 'ㅇㅇ대학'이라는 말은 『대학』에서 비롯되었고, 당연히 한자도 같다.
 『예기』의 한 편에 불과했던 『대학』이 권위를 얻고 현재까지 읽히고 있는 데에는 주희(朱熹)의 역할이 컸다. 주희 이전의 학자들도 『대학』을 하나의 책으로 독립시켜 읽었지만, 주희가 다시 『대학』의 글을 자기 생각대로 배열한 뒤에 서문을 쓰고 주석을 단 『대학장구(大學章句)』를 엮으면서 더욱 널리 알려지게 되었다.

주희는 『대학』의 글을 경(經) 1장과 전(傳) 10장으로 구분하였다. 경 1장에는 『대학』에 등장하는 개념어를 수록했고, 전 1장에서 10장을 통해 각각의 개념어를 풀이했다. 이 개념어를 '삼강령(三綱領, 세 가지의 큰 줄기)'과 '팔조목(八條目, 여덟 가지 항목)'이라 부르며, 그 내용은 이렇다.

삼강령은 명명덕(明明德, 타고난 밝고 선한 덕을 더 밝히다)·신민(新民, 백성을 발전시키기 위해 노력하다)·지어지선(止於至善, 최고로 선한 상태를 유지하다)이고, 팔조목은 격물(格物, 사물의 이치를 끝까지 탐구하다)·치지(致知, 지식을 완성하다)·정심(正心, 마음을 바르게 하다)·성의(誠意, 나의 마음이 진실하여 속임이 없게 하다)·수신(修身, 자신을 수양하다)·제가(齊家, 가정을 바르게 운영하다)·치국(治國, 나라를 다스리다)·평천하(平天下, 세상을 평화롭게 하다)이다. 이처럼 『대학』은 개인으로서 나를 다스리는 방법과 사회인으로 세상에 기여하는 방법을 수록한 책이라고 할 수 있겠다.

세상 돌아가는 원리에
접근하는 방법

    나무에 뿌리와 가지가 있듯 모든 사물에도 근본적인 것과 지엽적인 것이 있고, 무슨 일이든 시작을 해야 끝이 나듯 일에는 시점과 종점이 있다. 따라서 근본적인 것·지엽적인 것·시점·종점을 안다면 자연스레 먼저 할 일과 나중에 할 일이 무엇인지도 알게 된다. 이런 사유를 통해 세상 돌아가는 원리에 접근할 수 있을 것이다.

-「경(經)」 1장

| 나부터
| 바른 사람이어야 한다

　내가 바른 사람이어야 남을 올바른 방향으로 안내할 수 있다. 이래서 옛날에는 가장 높은 자리에 있는 군주에서부터 낮은 자리에 있는 서민에 이르기까지 모두 자신을 닦는 일을 근본으로 삼았다.

「경(經)」 1장

일에는 순서가 있다

　자신을 닦는 일이 제대로 되지 않았는데 집안·나라·세상이 다스려지는 경우는 없으며, 집안을 방치해 두고 나라와 세상에 훌륭한 업적을 남긴 사람은 아직까지 없었다.

-「경(經)」1장

자신을 닦는 일을
멈춰서는 안 된다

은(殷)나라를 세운 탕왕(湯王)은 자신의 욕조에 이런 말을 새겨 두었다.

"매일 같이 몸의 묵은 때를 씻는 것처럼 나쁜 마음을 제거하여 어느 날에 새로워졌다면 거기에서 멈추지 않고 나날이 새로워지고 또 나날이 새로워지리라 다짐한다."

-「전(傳)」2장

사람은 예의와 즐거움이 넘치는 곳에서 잘살 수 있다

『시경(詩經)』「면만편(緡蠻篇)」에 "꾀꼴꾀꼴 꾀꼬리, 깊은 산 속 숲이 우거진 곳에 머문다"고 하였는데, 이 시를 두고 공자가 말했다.

"새가 살 곳을 정할 때 깊은 산 속의 조용한 곳을 골라서 산다. 그래야 천적을 피할 수 있기 때문이다. 이처럼 사람 역시 자신이 잘살 수 있는 곳을 고를 줄 알아야 한다는 뜻이다. 사람은 주변에 예의와 즐거움이 넘치는 곳에서 잘살 수 있다. 새도 살 곳을 아는데 사람이 새보다 못하면 되겠는가?"

-「전(傳)」3장

처지에 맞는 행동을 하는 사람은
모든 사람에게 존경받는다

　『시경(詩經)』「문왕편(文王篇)」에서는 "아름다운 문왕은 밝은 덕을 지녔기에 처지에 맞는 일을 삼가 실천했다"고 하며 문왕을 칭송했다. 문왕은 군주의 자리에 있을 때는 백성을 사랑했고, 신하였을 때는 윗사람을 공경했으며, 자식의 자리에서는 효도했고, 부모가 되어서는 자식을 사랑했으며, 남과 사귈 때는 신의가 있었다.

-「전(傳)」3장

자신을 속이지 않아야
법 없이 살 수 있다

공자가 말했다. "내가 만약 재판을 맡는다면 여느 재판관처럼 진심을 다해 공정하게 판결할 수 있다. 그러나 그보다 나는 사람들이 재판까지 할 문제가 생기지 않도록 하겠다." 교화를 통해 사람들이 자신을 속이지 않는 마음을 지녀서 거짓말을 못 하도록 하겠다는 뜻이다. 공자는 본질을 꿰뚫어 보았다고 할 수 있겠다.

-「전(傳)」 4장

좋은 사람이 되려면 자신을 속이지 않는 일부터 시작해야 한다

"생각을 정성스럽게 한다"는 말이 있다. 선악에 대해 자기중심적으로 생각하지 않으며, 자신을 속이지 않는다는 뜻이다. 이런 자세를 유지하면서 악취를 싫어하듯 악을 미워하고, 잘생긴 사람을 좋아하듯 선을 좋아하면 스스로 만족감을 느끼게 된다. 결국 좋은 사람이 되기 위해서는 '자신을 속이지 않는 일'부터 시작해야 한다.

-「전(傳)」 6장

혼자 있을 때도 생각과 행동을
조심해야 하는 이유

혼자 한가하게 있을 땐 온갖 나쁜 생각과 나쁜 짓을 다 하다가 사람들 앞에서는 다 감추고 착한 사람인 것처럼 행동하는 사람이 있다. 그래 봐야 소용없다. 나쁜 생각이든 좋은 생각이든 머릿속에 가득 차 있으면 겉으로 드러나기 때문이다. 남들은 내 속을 훤히 꿰뚫어 보고 있다는 걸 알아야 한다. 그러므로 사람은 혼자 있을 때도 생각과 행동을 조심하는 버릇을 들여야 한다.

-「전(傳)」6장

| 속마음은
| 숨길 수 없다

증자(曾子)가 말했다.

"혼자 있더라도 속마음을 숨길 수 없다. 그러므로 열 개의 눈이 나를 지켜보며 열 개의 손이 나를 가리킨다고 여기며 두려운 마음을 지녀야 한다."

-「전(傳)」6장

덕은
나를 윤택하게 한다

　부유함이 집안을 윤택하게 하는 것처럼 덕은 나를 윤택하게 한다. 마음속에 선이 가득 차서 당당해지면 마음이 넓어지고 몸이 편안히 펴진다. 그러므로 사람은 반드시 생각을 정성스럽게 해야 한다.

-「전(傳)」6장

마음을 바르게 하려면

내면 수양의 핵심은 자신의 마음을 바르게 하는 데 있다. 나에게 분노가 쌓여 있거나, 두려움이 있거나, 좋아하는 것에 집착하는 마음이 있거나, 걱정거리가 있으면 바른 상태를 얻지 못한다. 이 네 가지는 사람이 떨쳐 내긴 어렵지만, 늘 조절하면서 마음을 바르게 하려고 노력해야 한다.

-「전(傳)」 7장

마음을 두어야
결과를 얻을 수 있다

특정한 대상에 마음이 가 있지 않으면 보아도 보이지 않고, 들어도 들리지 않고, 먹어도 맛을 모른다. 내면 수양을 하려면 그 일에 마음을 두고 집중해야 한다는 말이다. 이처럼 무슨 일이든 먼저 마음을 두어야 결과를 얻을 수 있다.

-「전(傳)」 7장

편파적인 태도를 버리려는 노력이 필요한 이유

대체로 사람은 친밀도나 감정에 따라서 사람을 대하는 경우가 많다. 친하거나 아끼는 사람이 잘못을 저지르면 감싸거나 애써 외면한다. 싫어하는 사람에게 장점이 있어도 인정하기를 꺼린다. 우러러보며 존경하는 사람이 있으면 맹목적으로 그 사람을 따르려 하고, 불쌍한 사람을 보면 오로지 동정심만으로 대하면서 다른 면을 살피지 않고, 오만하고 게으른 사람을 보면 그런 면에만 주목한다. 이래서 세상에는 누군가를 좋아하되 그의 단점을 알고, 싫어하되 그의 장점을 아는 사람이 적은 것이다. 이처럼 편파적인 태도를 버리려는 노력이 '자신을 닦는 일'이고, 자신을 닦은 뒤에야 한 집안을 조화롭게 가꿀 수 있다.

-「전(傳)」8장

판단력을 흐리게 하는 것

속담에 이런 말이 있다.

"사람을 지나치게 사랑하거나 물건을 지나치게 탐내면 판단력이 흐려지는 법이다. 그래서 자기 자식의 나쁜 점은 잘 모르고, 자기 밭의 싹이 자라는 줄 모르는 사람이 많은 것이다."

-「전(傳)」 9장

정치의 바탕을 이루는 마음

『서경(書經)』「강고(康誥)」편에 "백성을 갓난아이 보호하듯 보살펴라"는 말이 있다. 정치의 바탕에 순수하면서도 자연스러운 사랑이 있어야 한다는 뜻이다. 자식 키우는 법을 배워서 터득한 뒤에 결혼하는 사람은 없기 때문에 육아 과정에서 시행착오를 겪을 수는 있겠지만, 부모의 행동은 아이를 사랑하는 마음으로 하는 것이므로 큰 실수를 할 가능성은 많지 않다고 할 수 있다. 정치도 마찬가지다. 이런 마음을 바탕으로 정치를 한다면 완벽하지 못할 순 있겠지만, 크게 잘못되지도 않을 것이다.

-「전(傳)」9장

남을 깨우쳐 주려면
먼저 나를 점검해야 한다

    윗사람의 명령이 윗사람 자신이 좋아하는 것과 반대가 되면 아랫사람은 그 명령을 따르지 않는다. 예를 들어 자신은 사치를 좋아하면서 반대로 아랫사람에게는 검소하게 살라고 명령한다면 아랫사람은 그 명령을 따르지 않는다는 말이다. 결국 아랫사람도 윗사람처럼 사치하게 된다.

그러므로 사람은 내가 선해진 뒤에 남에게 선하라고 요구할 수 있고, 나의 악함을 없앤 뒤에 남의 악함을 비난할 수 있다. 이런 마음가짐이나 태도가 없으면서 남을 깨우쳐 준 사람은 아직까지 없었다.

-「전(傳)」9장

남과 좋은 관계를 유지하는 비결

윗사람이 나에게 무례한 것이 싫다면 나도 무례하게 아랫사람을 부리지 않으며, 아랫사람이 불충한 것이 싫다면 나도 불충하게 윗사람을 섬기지 않으며, 선임자가 나를 대할 때 싫었던 일을 내가 후임에게 하지 않으며, 후임자가 나를 대할 때 싫었던 일을 선인에게 하지 않는다. 이처럼 남과 좋은 관계를 유지하려면 내가 싫었던 일을 기억해 두었다가 남에게 하지 않아야 한다.

-「전(傳)」 10장

나라를 보존하는 비결

『시경(詩經)』「문왕편(文王篇)」에 "은(殷)나라가 폭정으로 민심을 잃기 전에는 군주의 덕이 하늘과 마주할 정도로 높았다. 그러니 후세의 군주는 은나라의 패망을 거울로 삼아야 한다. 나라를 보존하기는 쉽지 않다"고 하였다. 민심을 얻으면 나라를 얻고, 민심을 잃으면 나라를 잃는다는 뜻이다.

-「전(傳)」10장

군주에게 재물이 모이면
사람이 흩어진다

군주는 먼저 덕을 쌓아야 한다. 덕을 쌓으면 주변에 사람이 모이고, 사람이 모이면 영토가 이루어지고, 영토가 이루어지면 재물이 축적되고, 재물이 축적되면 쓸 일이 생긴다. 이처럼 덕은 본질적인 것이고, 재물은 지엽적인 것이다. 그러니 본질을 외면하고 지엽적인 것에 치중하면, 사람들도 탐내는 마음이 일어나서 재물을 두고 다툴 것이다. 결과적으로 보면 이것은 군주가 사람들에게 싸워서 재물을 뺏는 법을 가르치는 것과 매한가지인 셈이다. 그러므로 군주에게 재물이 모이면 사람이 흩어지고, 그에게서 재물이 흩어지면 사람이 모인다는 점을 알아야 할 것이다.

-「전(傳)」10장

지도자는 먼저 사람의 마음을 헤아리고 행동해야 한다

군주가 사람들의 마음에 맞지 않는 명령을 내리면 사람들은 군주의 마음에 어긋나는 행위를 해버리고, 군주가 사람들이 너무 가혹하다고 느낄 만큼의 세금을 거둬들이면 그 재물은 군주의 마음에 어긋나게 나가버린다. 군주가 사람의 마음을 헤아리지 않고 멋대로 굴면 결국 그대로 돌려받는다.

-「전(傳)」 10장

재능이 있는 사람보다
포용력이 있는 사람을 써야 하는 이유

『서경(書經)』「진서(秦誓)」편에 나오는 말이다.

"어떤 사람이 별다른 재능이 없는데 성실하고 마음이 고와서 남의 좋은 재능을 보면 자신이 가진 것처럼 좋아하며, 남의 훌륭한 점을 진심으로 좋아하는 정도가 자기 입으로 칭찬하는 데서 그치지 않을 정도라면, 이런 사람은 실제로 포용력이 있어서 많은 이들을 품을 수 있고, 나라에도 이익을 안길 것이다. 반면 남의 좋은 재능을 시기하고 미워하며, 훌륭한 사람을 꺼려서 그의 앞길을 막아 등용을 방해한다면, 이런 사람은 포용력이 없어서 사람을 잃는 데에서 그치지 않고 나라를 위태롭게 할 것이다."

-「전(傳)」10장

사람을 쓰거나 내칠 때
유념해야 하는 것

현명한 사람을 보았으면서도 추천하지 않거나, 추천했어도 자신보다 먼저 등용되지 못하게 했다면 추천하는 일을 게을리했다고 볼 수 있다. 나쁜 사람을 보았으면서도 물러나게 하지 못하거나, 물러나게 했더라도 군주로부터 멀리 떨어지게 하지 못했다면 잘못한 일이라고 할 수 있다.

-「전(傳)」 10장

4장 중용

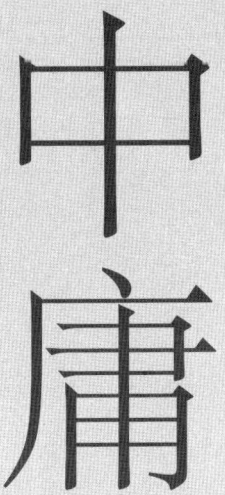

내면 수양의 원리(原理)와 철학(哲學)

중용 소개글

『예기(禮記)』의 31편이었던 『대학』이 송나라 시대에 책으로 독립한 것에 비해 『중용』은 그보다 앞선 한나라 시대부터 단독 저술로 읽혔다고 한다. 그만큼 유학자들이 중시했던 책이었지만, 현재와 같은 지위를 얻지는 못했다. 『대학』처럼 주희가 『중용』에 주석을 달고 『중용장구(中庸章句)』를 엮으면서부터 경전의 반열에 오르게 되었다고 할 수 있겠다.

『중용장구』는 별도의 편으로 구성되어 있지 않고, 33

장으로 이루어져 있다. 전체 장을 살펴보면 내면의 수양과 실천 방법에 주목하는 내용이 많고, 『논어』, 『맹자』, 『대학』에 비해 좀 더 구체적인 내용을 담고 있다. 나머지 세 종류의 책에 담긴 유가의 윤리와 실천 방안이 잘 정리되어 한곳에 모여 있는 느낌을 주는 책이라고 할 수 있겠다.

한편 주희는 『중용장구』의 주석을 통해 자신의 이기론(理氣論, 사물을 이루는 원리와 현상에 대한 생각)을 드러냈다. 기존의 유학이 사회적 관계 속에서의 실천을 중시했다면 주희는 그 실천의 바탕을 이루는 원리를 찾으려 했고, 그 탐색의 범위를 사물에서부터 우주에까지 미치게 함으로써 유학에 철학적인 의미를 부여했다고 할 수 있겠다. 유학은 주희에 대한 호오와는 별개로 철학적인 면모를 갖추게 되었고, 후대의 학자들도 이 바탕 위에서 유학을 연구하고 발전시켰다. 이런 의의를 알고 『중용』을 읽어보면 좋지 않을까 한다.

도는 추상적인 철학이 아니라 일상의 규범이다

도(道)는 일상에서 사람들 사이에 암묵적으로 인정되는 규칙이나 규범이다. 다시 말해 누구나 다닐 수 있는 길과 같아서 사람은 잠시라도 도를 벗어날 수 없고, 만약 벗어날 수 있다고 한다면 그건 도라고 할 수 없다. 그러므로 도를 아는 사람은 남이 보지 않는 곳에서도 조심하고, 남이 듣지 않는 곳에서도 염려하고 두려워한다.

-「1장」

남이 나를 본다는 생각을 지니고 행동하는 게 좋다

    대체로 사람은 혼자 있을 때 멋대로 생각하고 행동하는 경우가 많다. 그런데 만약 남이 몰래 나를 보고 있다면 내가 숨기려고 하는 생각이나 자잘한 행동을 더 선명하게 보게 될 것이다. 이런 생각을 지니고 혼자 있을 때도 행동을 조심히는 게 좋다.

-「1장」

마음의 중심을 잡고
남과 조화를 이루는 일

    희로애락(喜怒哀樂)의 감정이 일어나기 이전의 치우치지 않은 상태를 '중(中)'이라 하고, 감정이 일어난 뒤에 지나치지 않게 조절된 상태를 '화(和)'라고 한다. 스스로 마음의 중심을 잡으려 하고 남과 조화를 이룰 수 있도록 감정을 조절하는 건 개인적인 일이지만, 건강한 사회를 이루는 데 기여하는 일이기도 하다. 이런 면에서 '중'은 세상의 근본이고, '화'는 세상 사람들이 추구할 만한 보편적인 가치가 될 수 있다.

-「1장」

강한 사람이란 어떤 사람인가?

어떤 사람을 두고 강하다고 하는가? 조화를 이루되 휩쓸리지 않고, 중심에 서서 치우치지 않으며, 사회가 건강할 때는 정직한 마음을 지키고, 사회가 건강하지 않을 때에는 죽는 한이 있더라도 선한 마음을 바꾸지 않는 사람이다.

-「1장」

도(道)는 일상에 깃들어 있는 것

공자가 말했다. "도는 사람에게서 멀리 떨어져 있지 않다. 일상에 깃들어 있는 것이다. 그러므로 도를 행한다고 하면서 사람으로서 해서는 안 되는 일을 한다면 그것을 도라고 말할 수 없다."

-「13장」

문제의 해결 방법은
가까운 곳에 있다

『시경(詩經)』「벌가(伐柯)」에 "도낏자루를 만들려고 나무를 벤다. 도낏자루를 만드는 법은 멀리 있지 않다"고 했다. 도낏자루를 만들려면 나무를 벤 뒤에 내 손에 들고 있는 도낏자루를 옆에 놓고 이것과 똑같은 모양으로 만들면 된다는 말이다. 그러나 많은 사람은 자기 손에 있는 도낏자루는 보지 않고 베어 놓은 나무만 보며 "어떻게 도낏자루를 만들지?"라고 하면서 멀리서 방법을 찾으려 든다. 그래서 현명한 사람은 문제가 발생하면 가장 가까운 데에서부터 원인을 찾아 해결하고, 남의 잘못을 바로잡아 줄 때도 누구나 알기 쉬운 기본적인 것만 지적하고, 개선된 모습을 확인하면 더 이상 말하지 않는다.

-「13장」

좋은 사람이 되기 위해 필요한 것 네 가지

공자가 말했다.
"좋은 사람이 되기 위해 필요한 것 네 가지가 있는데 나는 하나도 잘하는 게 없다. 부모가 자식에게 바라는 것이 있으면 자식은 그에 맞춰 부모를 섬겨야 하는데 그걸 못 하고, 윗사람이 아랫사람에게 바라는 것이 있으면 아랫사람은 그에 맞춰 윗사람을 섬겨야 하는데 그걸 못 하며, 형이 동생에게 바라는 것이 있으면 동생은 그에 맞춰 형을 대우해야 하는데 그걸 못 하고, 내가 친구에게 바라는 것이 있으면 내가 먼저 베풀어야 하는데 그걸 못 한다. 저런 사람이 되려면 항상 덕을 실천하고 항상 말을 조심해서 실천에 부족한 점이 있으면 힘써 노력하고, 말이 많아졌다는 느낌이 들면 더 하고 싶어도 그만두어야 하며, 말과 실천이 일치하도록 끊임없이 살펴야 한다. 이런 까닭에 사람은 늘 성실하지 않을 수 없는 것이다."

-「13장」

현명한 사람은 지금 할 수 있는 일을 할 뿐이다

　현명한 사람은 지금 할 수 있는 일을 하며 살아갈 뿐 그 밖의 무언가를 바라지 않는다. 부유하고 높은 지위에 있으면 그에 맞춰 살고, 가난하고 낮은 지위에 있어도 그에 맞춰 살며, 험한 사람들이 있는 곳에 있으면 그 상황에 맞춰 처신하고, 어려움을 겪고 있으면 꺾이지 않고 해결하려 한다. 이런 사람은 어떤 상황에 직면하더라도 경험을 통해 얻는 것이 있다.

-「14장」

남과 어울려 살아가는 지혜

 윗자리에 있다고 해서 아랫사람을 업신여기는 짓을 하지 않고, 아랫자리에 있으면서 윗사람을 끌어내리려는 음모를 꾸미지 않으며, 나를 바르게 할 뿐 남에게 올바르기를 요구하지 않으면 나에게 원한을 품거나 탓하는 사람이 없을 것이다. 이런 생각을 지니고 무슨 일이 있어도 나를 돌아볼 뿐 하늘을 원망하지 않고, 남을 탓하지 않는다.

-「4장」

| 작은 일을 잘해야
| 큰일을 할 수 있다

먼 곳으로 가려면 반드시 가까운 곳부터 지나가야 하며, 높은 곳에 올라가려면 낮은 곳부터 오르기 시작하듯 큰일을 하려면 작은 일부터 잘해야 한다.

-「15장」

덕을 지닌 사람은 반드시
합당한 복을 받는다

공자가 말했다.

"효자로 이름난 순(舜)은 성인으로 존경받았고, 군주가 되어 나라를 소유했으며, 자손들의 제사를 받았다. 이처럼 큰 덕을 지닌 사람은 반드시 그에 합당한 자리와 봉급과 명성과 수명을 얻는다."

-「17장」

사람의 재능을 가지고
굳이 우열을 가릴 필요는 없다

공자가 노나라 군주 애공(哀公)에게 말했다.
"윗사람과 아랫사람, 부모와 자식, 부부, 친구, 형제 사이에는 각각 기본적으로 지녀야 할 태도가 있습니다. 이것을 누군가는 태어나면서부터 알고 있었던 것처럼 보이기도 하고, 누군가는 배워서 알기도 하고, 누군가는 힘겹게 노력해서 알기도 합니다만, 이 세 부류의 사람들 사이에 우열이 있지는 않습니다. 결국 알게 된다는 점으로 보면 똑같기 때문입니다. 누군가는 자연스레 행하기도 하고, 누군가는 자신에게 이익을 준다고 생각해서 행하기도 하고, 누군가는 애써 행하기도 하지만, 역시 이들 사이에 우열이 있지는 않습니다. 결국 좋은 결과를 얻게 된다는 점으로 보면 똑같기 때문입니다."

-「20장」

세상과 나라를 다스리는 데 필요한 세 가지 덕목

공자가 말했다.

"배우기를 좋아하는 건 지혜의 영역에 속하고, 무언가를 힘써 실천하는 일은 인(仁)의 영역에 속하고, 부끄러워할 줄 아는 마음은 용기의 영역에 속한다. 이 세 가지를 알면 수양하는 방법을 알게 되고, 수양하는 방법을 알면 남을 다스리는 방법을 알게 되고, 남을 다스리는 방법을 알면 세상과 나라를 다스리는 방법을 알게 될 것이다."

-「20장」

성실함을 구성하는 다섯 가지 태도

두루두루 많이 배우며, 이해할 때까지 자세히 질문하며, 신중하게 생각하며, 분명히 분별해 내며, 독실하게 선함을 실천하는 것, 이것이 성실함을 구성하는 태도이다.

-「20장」

나를 강하게 만드는 마음가짐

　이왕 배우기 시작했으면 잘할 때까지 그만두지 않으며, 질문을 시작했으면 알 때까지 그만두지 않으며, 생각을 시작했으면 깨달을 때까지 그만두지 않으며, 분별하기 시작했으면 분명해질 때까지 그만두지 않으며, 실천을 시작했으면 독실해질 때까지 그만두지 않겠다고 다짐하여, 만약 남이 나보다 뛰어나서 한 번 만에 잘하게 되었다면 나는 백 번을 노력하고, 남이 열 번 만에 잘하게 되었다면 나는 천 번을 노력해야 한다. 이렇게 할 수 있다면 현재의 내가 어리석더라도 반드시 현명해지고, 의지가 약하더라도 반드시 강해질 것이다.

-「20장」

화를 입지 않고
나를 보전하는 방법

윗자리에 있을 때는 교만하지 않고, 아랫사람이 되었을 때는 윗사람을 배신하지 않는다. 사회가 건강할 때는 말을 하여 사회 분위기를 진작하는 데 기여하고, 사회가 혼란할 때는 침묵하여 재능을 숨긴다면 자연스레 세상에 받아들어져 화를 피할 수 있다. 『시경(詩經)』「증민(烝民)」에 "현명하고 슬기로워 자신을 보전한다"고 하였는데, 바로 저런 처신을 두고 한 말이다.

-「27장」

재앙을 부르는
세 가지 태도

공자가 말했다.

"어리석으면서 자기만 옳다 여기고 남의 의견을 수용하지 않으며, 지위가 낮으면서도 자기 신념만 고집하면서 제멋대로 일처리를 하며, 현재를 살아가면서 과거의 낡은 가치관을 복구하려고 하는 사람에게는 재앙이 닥칠 것이다."

-「28장」

세상에 명예를 떨치는 사람이 되려면

『시경(詩經)』「진로(振鷺)」에 은(殷)나라의 현명한 사람 미자(微子)를 칭송한 시가 있다. "저기에 있어도 싫어하는 사람이 없으며, 여기에 있어도 싫어하는 사람이 없었다. 거의 밤낮없이 노력하여 영원히 명예를 누린다." 윗자리에 있으면서 교만하지 않아야 한다는 뜻이다. 이렇게 행동하지 않고 세상에 명예를 떨친 사람은 아직까지 없었다.

-「29장」

훌륭한 사람이 되기 위해 알아야 할 세 가지

『시경(詩經)』「석인(碩人)」에 "비단옷을 입고 그 위에 홑옷을 덧입는다"는 말이 있다. 홑옷이 비단의 무늬를 살짝 가려서 너무 드러나게 하지 않는 것인데, 이처럼 훌륭한 사람은 자신의 덕이나 재능이 지나치게 드러나는 것을 좋아하지 않는다는 뜻이다. 따라서 훌륭한 사람의 도는 어두운 듯해도 나날이 드러나고, 경박한 사람의 도는 밝은 듯해도 나날이 없어진다. 훌륭한 사람의 도는 싱거운 듯해도 싫증나지 않고, 단순한 듯해도 빛이 나며, 온화한 듯해도 치밀한 논리가 있다. 멀리 가려면 가까운 곳부터 가야 함을 알고, 바람이 불면 어디에서 불어오는지 알며, 숨기려고 하는 자잘한 일일수록 더 잘 드러난다는 사실을 안다면 이런 도를 갖춘 훌륭한 사람이 될 수 있을 것이다.

-「33장」

훌륭한 사람이
명심하는 것

『시경(詩經)』「정월(正月)」에 "물에 잠겨 숨었지만, 역시나 매우 밝게 드러난다"는 말이 있다. 숨기려고 하는 일이 있어도 결국엔 더 잘 드러난다는 뜻이다. 그러므로 훌륭한 사람은 이런 사실을 알고 혼자 있어도 자기를 단속하고 반성하여 잘못을 하지 않아 마음에 부끄러움이 없도록 하는 것이다. 보통 사람이 훌륭한 사람에게 미칠 수 없는 점은 그들이 보지 못하는 곳에 있다.

-「33장」

존중받고 신뢰를 얻으려면

『시경(詩經)』「억(抑)」에 "네가 혼자 방에 있을 때를 보았는데 방의 모퉁이에서도 부끄러운 짓을 하지 않았다"는 말이 있다. 훌륭한 사람은 남이 없는 곳에서도 행동을 조심한다는 뜻이다. 이런 사람은 가만히 움직이지 않아도 남이 그를 존중하고, 말하지 않아도 남이 그를 믿는다.

-「33장」

부록

附錄

1장 논어

1. 참된 사람은 꾸미지 않는다

子曰, 巧言令色, 鮮矣仁. - 「학이(學而)」편, 1장

2. 매일 생각하는 일 세 가지

曾子曰, 吾日三省吾身, 爲人謀而不忠乎, 與朋友交而不信乎, 傳不習乎.
- 「학이(學而)」편, 4장

3. 무슨 일이든 선은 넘지 말아야 한다

有子曰, 信近於義, 言可復也, 恭近於禮, 遠恥辱也, 因不失其親, 亦可宗也. - 「학이(學而)」편, 13장

4. 배우는 사람의 바람직한 자세

子曰, 君子, 食無求飽, 居無求安, 敏於事而愼於言, 就有道而正焉, 可謂好學也已. - 「학이(學而)」편, 14장

5. 더 나은 사람이 되려면

子貢曰, 貧而無諂, 富而無驕, 何如. 子曰 可也, 未若貧而樂, 富而好禮者也. 子貢曰, 詩云, 如切如磋, 如琢如磨, 其斯之謂與. 子曰, 賜也, 始可與言詩已矣. 告諸往而知來者. - 「학이(學而)」편, 15장

6. 자기중심적 생각에서 벗어나야 인정받는다

子曰, 不患人之不己知, 患不知人也. - 「학이(學而)」편, 16장

7. 위정자는 덕으로 정치를 해야 한다

子曰, 爲政以德, 譬如北辰, 居其所, 而衆星, 共之. -「위정(爲政)」편, 1장

8. 처벌이 능사가 아니다

子曰, 道之以政, 齊之以刑, 民免而無恥. 道之以德, 齊之以禮, 有恥且格.

-「위정(爲政)」편, 3장

9. 건강을 지키는 것도 효도

孟武伯, 問孝, 子曰, 父母, 唯其疾之憂. -「위정(爲政)」편, 6장

10. 부모 앞에서 편한 표정을 짓는 것이 효도

子夏, 問孝, 子曰, 色難, 有事, 弟子, 服其勞, 有酒食, 先生饌, 曾是以爲孝乎. -「위정(爲政)」편, 8장

11. 행동의 의도와 좋아하는 것을 살피면 상대를 알 수 있다

子曰, 視其所以, 觀其所由, 察其所安, 人焉廋哉, 人焉廋哉.

-「위정(爲政)」편, 10장

12. 스승이 되는 방법

子曰, 溫故而知新, 可以爲師矣. -「위정(爲政)」편, 11장

13. 여러 분야를 폭넓게 받아들여라

子曰, 君子, 不器. -「위정(爲政)」편, 12장

14. 말과 행동이 부합해야 좋은 사람

子貢, 問君子, 子曰, 先行其言, 而後從之. -「위정(爲政)」편, 13장

15. 마음에 맞지 않는 사람과도 잘 지내야 원만한 사람

子曰, 君子, 周而不比, 小人, 比而不周. -「위정(爲政)」편, 14장

16. 공부할 때 버려야 할 태도

子曰, 學而不思則罔, 思而不學則殆. -「위정(爲政)」편, 15장

17. 모르는 건 모른다고 해야 한다

子曰, 由, 誨女知之乎. 知之爲知之, 不知爲不知, 是知也. -「위정(爲政)」편, 17장

18. 돈과 지위를 얻으려면 말실수와 후회할 일을 줄여라

子張, 學干祿, 子曰, 多聞闕疑, 愼言其餘, 則寡尤, 多見闕殆, 愼行其餘, 則寡悔, 言寡尤, 行寡悔, 祿在其中矣. -「위정(爲政)」편, 18장

19. 아랫사람을 따르게 하려면

季康子, 問, 使民敬忠以勸, 如之何. 子曰, 臨之以莊則敬, 孝慈則忠, 擧善而敎不能則勸. -「위정(爲政)」편, 20장

20. 일상생활이 정치다

或, 謂孔子曰, 子, 奚不爲政. 子曰, 書云, 孝乎. 惟孝, 友于兄弟, 施於有政, 是亦爲政, 奚其爲爲政. -「위정(爲政)」편, 21장

21. 예절의 본질

林放, 問禮之本, 子曰, 大哉, 問. 禮, 與其奢也, 寧儉, 喪, 與其易也, 寧戚.
-「팔일(八佾)」편, 4장

22. 머리만 좋은 사람보다 성정이 인자한 사람이 더 낫다

子曰, 不仁者, 不可以久處約, 不可以長處樂, 仁者, 安仁, 知者, 利仁.
-「이인(里仁)」편, 2장

23. 정도를 버리지 않아야 사람의 자격이 있다

子曰, 富與貴, 是人之所欲也, 不以其道, 得之, 不處也. 貧與賤, 是人之所惡也, 不以其道, 得之, 不去也. 君子, 去仁, 惡乎成名. 君子, 無終食之間, 違仁, 造次必於是, 顚沛必於是. -「이인(里仁)」편, 5장

24. 이상을 추구하는 자세

子曰, 士, 志於道而恥惡衣惡食者, 未足與議也. -「이인(里仁)」편, 9장

25. 옳은 길을 찾아 그 길을 따라갈 뿐

子曰, 君子之於天下也, 無適也, 無莫也, 義之與比. -「이인(里仁)」편, 10장

26. 이익만 챙기는 사람에게는 적이 많다

子曰, 放於利而行, 多怨. -「이인(里仁)」편, 12장

27. 자리를 얻을 자격과 남이 알아줄 능력을 갖추도록 노력해야 한다

子曰, 不患無位, 患所以立, 不患莫己知, 求爲可知也. -「이인(里仁)」편, 14장

28. 좋은 사람이 되려는 자세

子曰, 見賢思齊焉, 見不賢而內自省也. -「이인(里仁)」편, 17장

29. 부모의 나이를 떠올리는 이유

子曰, 父母之年, 不可不知也, 一則以喜, 一則以懼. -「이인(里仁)」편, 21장

30. 존경받고 싶으면 말을 아껴라

子曰, 古者, 言之不出, 恥躬之不逮也. -「이인(里仁)」편, 22장

31. 좋은 친구를 얻으려면 바른 마음으로 상대를 대하라

子曰, 德不孤, 必有鄰. -「이인(里仁)」편, 25장

32. 섣부른 충고는 관계를 망친다

子游曰, 事君數, 斯辱矣, 朋友數, 斯疏矣. -「이인(里仁)」편, 24장

33. 말재주가 있는 사람은 미움을 받기 쉽다

或曰 雍也, 仁而不佞. 子曰, 焉用佞. 禦人以口給, 屢憎於人, 不知其仁, 焉用佞. -「공야장(公冶長)」편, 4장

34. 자리를 얻기 전에 생각해야 할 일

子, 使漆雕開, 仕, 對曰, 吾斯之未能信. 子, 說. -「공야장(公冶長)」편, 5장

35. 욕심이 없어야 강직할 수 있다

子曰, 吾未見剛者. 或, 對曰, 申棖. 子曰, 棖也, 慾, 焉得剛.

-「공야장(公冶長)」편, 10장

36. 좋은 시호 '문(文)'을 받은 이유

子貢, 問曰, 孔文子, 何以謂之文也. 子曰, 敏而好學, 不恥下問, 是以謂之文也. -「공야장(公冶長)」편, 14장

37. 관계를 잘 유지하려면

子曰, 晏平仲, 善與人交, 久而敬之. -「공야장(公冶長)」편, 16장

38. 남의 잘못을 마음에 담아두지 마라

子曰, 伯夷叔齊, 不念舊惡. 怨是用希. -「공야장(公冶長)」편, 22장

39. 남을 가식적으로 대하는 것은 스스로에게 부끄러운 일

子曰, 巧言令色足恭, 左丘明, 恥之, 丘亦恥之. 匿怨而友其人, 左丘明, 恥之, 丘亦恥之. -「공야장(公冶長)」편, 24장

40. 정치를 맡길 만한 사람

季康子, 問, 仲由, 可使從政也與. 子曰, 由也, 果, 於從政乎, 何有. 曰, 賜也, 可使從政也與. 曰, 賜也, 達, 於從政乎, 何有. 曰, 求也, 可使從政也與. 曰, 求也, 藝, 於從政乎, 何有. -「옹야(雍也)」편, 10장

41. 포기보다 좋지 않은 것

冉求曰, 非不說子之道, 力不足也. 子曰, 力不足者, 中道而廢, 今女, 畫.

-「옹야(雍也)」편, 10장

42. 칭찬받을 만한 행동

子曰, 孟之反, 不伐. 奔而殿, 將入門, 策其馬曰, 非敢後也, 馬不進也.

-「옹야(雍也)」편, 13장

43. 내면과 외면이 조화를 이뤄야 한다

子曰, 質勝文則野, 文勝質則史, 文質, 彬彬, 然後, 君子. -「옹야(雍也)」편, 16장

44. 공부의 성과를 얻으려면

子曰, 知之者, 不如好之者, 好之者, 不如樂之者. -「옹야(雍也)」편, 18장

45. 머리 좋은 사람과 차분한 사람의 속성

子曰, 知者, 樂水, 仁者, 樂山. 知者, 動, 仁者, 靜, 知者, 樂, 仁者, 壽.

-「옹야(雍也)」편, 21장

46. 공자의 네 가지 걱정거리

子曰, 德之不修, 學之不講, 聞義不能徙, 不善不能改, 是吾憂也.

-「술이(述而)」편, 3장

47. 발전하는 학생이 되려면

子曰, 不憤, 不啓, 不悱, 不發, 擧一隅, 不以三隅反, 則不復也.

-「술이(述而)」편, 8장

48. 정당한 방법을 고수하는 까닭

子曰, 富而可求也, 雖執鞭之士, 吾亦爲之, 如不可求, 從吾所好.

-「술이(述而)」편, 11장

49. 곤궁함 속에서도 즐거움을 얻을 수 있다

子曰, 飯疏食飮水, 曲肱而枕之, 樂亦在其中矣, 不義而富且貴, 於我, 如浮雲. -「술이(述而)」편, 15장

50. 말과 행동을 배우는 일에는 정해진 선생이 없다

子曰, 三人行, 必有我師焉. 擇其善者而從之, 其不善者而改之.

-「술이(述而)」편, 21장

51. 찾아온 사람에게 굳이 모질게 대할 것까지는 없다

互鄕, 難與言, 童子, 見, 門人, 惑, 子曰, 與其進也, 不與其退也, 唯何甚. 人, 潔己以進, 與其潔也, 不保其往也. -「술이(述而)」편, 28장

52. 그래도 사치보다는 검소함이 낫다

子曰, 奢則不孫, 儉則固, 與其不孫也, 寧固. -「술이(述而)」편, 35장

53. 나쁜 성정은 좋은 재능을 가린다

子曰, 如有周公之才之美, 使驕且吝, 其餘, 不足觀也已. -「태백(泰伯)」편, 11장

54. 남의 일에 참견하지 않는다

子曰, 不在其位, 不謀其政. -「태백(泰伯)」편, 14장

55. 열심히 배우고 복습해야 하는 이유

子曰, 學如不及, 猶恐失之. -「태백(泰伯)」편, 17장

56. 포기하지 않아야 결실을 얻는다

子曰, 譬如爲山, 未成一簣, 止, 吾止也, 譬如平地, 雖覆一簣, 進, 吾往也.

-「자한(子罕)」편, 18장

57. 어떻게 해줄 수 없는 사람

子曰, 法語之言, 能無從乎. 改之爲貴. 巽與之言, 能無說乎. 繹之爲貴. 說而不繹, 從而不改, 吾末如之何也已矣. -「자한(子罕)」편, 23장

58. 사람의 진면목이 드러나는 때

子曰, 歲寒然後, 知松柏之後彫也. -「자한(子罕)」편, 27장

59. 삶에 충실해야 한다

季路, 問事鬼神, 子曰, 未能事人, 焉能事鬼. 敢問死. 曰, 未知生, 焉知死.

-「선진(先進)」편, 11장

60. 남의 기분을 상하지 않게 결점을 바로잡는 방법

子路, 問, 聞斯行諸. 子曰, 有父兄, 在, 如之何其聞斯行之. 冉有, 問, 聞斯行諸. 子曰, 聞斯行之. 公西華曰, 由也, 問, 聞斯行諸, 子曰, 有父兄在, 求

也, 問, 聞斯行諸, 子曰, 聞斯行之, 赤也, 惑, 敢問. 子曰, 求也, 退故, 進之, 由也, 兼人故, 退之. -「선진(先進)」편, 21장

61. 현명한 사람은 험담을 즉시 받아들이지 않는다
子張, 問明, 子曰, 浸潤之譖, 膚受之愬, 不行焉, 可謂明也已矣. 浸潤之譖, 膚受之愬, 不行焉, 可謂遠也已矣. -「안연(顔淵)」편, 6장

62. 백성이 가난한데 나라가 풍족한 경우는 없다
哀公, 問於有若曰, 年饑, 用不足, 如之何. 有若, 對曰, 盍徹乎. 曰, 二, 吾猶不足, 如之何其徹也. 對曰, 百姓, 足, 君孰與不足, 百姓, 不足, 君孰與足.
-「안연(顔淵)」편, 9장

63. 나를 발전시키는 방법
子張, 問崇德辨惑, 子曰, 主忠信, 徙義, 崇德也. 愛之, 欲其生, 惡之, 欲其死, 旣欲其生, 又欲其死, 是, 惑也. 誠不以富, 亦祗以異. -「안연(顔淵)」편, 10장

64. 좋은 사람의 조건
子曰, 君子, 成人之美, 不成人之惡, 小人, 反是. -「안연(顔淵)」편, 16장

65. 정치를 하려면 먼저 내 마음을 바르게 해야 한다
季康子, 問政於孔子, 孔子, 對曰, 政者, 正也, 子帥以正, 孰敢不正.
-「안연(顔淵)」편, 17장

66. 나를 다스리는 세 가지 방법
子曰, 善哉. 問. 先事後得, 非崇德與. 攻其惡, 無攻人之惡, 非修慝與. 一朝之忿, 忘其身, 以及其親, 非惑與. -「안연(顔淵)」편, 21장

67. 상대가 받아들이지 않으면 충고하지 마라

子貢, 問友, 子曰, 忠告而善道之, 不可則止, 無自辱焉. -「안연(顏淵)」편, 23장

68. 좋은 정치를 위해 필요한 일 세 가지

仲弓, 爲季氏宰, 問政, 子曰, 先有司, 赦小過, 擧賢才. 曰, 焉知賢才而擧之. 曰, 擧爾所知, 爾所不知, 人其舍諸. -「자로(子路)」편, 2장

69. 윗사람이 솔선수범해야 하는 이유

子曰, 其身, 正, 不令而行, 其身, 不正, 雖令不從. -「자로(子路)」편, 6장

70. 대중은 정직하지 않은 정치인을 따르지 않는다

子曰, 苟正其身矣, 於從政乎, 何有. 不能正其身, 如正人何.

-「자로(子路)」편, 13장

71. 내 영향력을 넓히고 싶다면

葉公, 問政, 子曰, 近者, 說, 遠者, 來. -「자로(子路)」편, 16장

72. 성과를 내는 데 방해가 되는 행동

子夏, 爲莒父宰, 問政, 子曰, 無欲速, 無見小利, 欲速則不達, 見小利則大事, 不成. -「자로(子路)」편, 17장

73. 현명한 사람과 어리석은 사람의 차이

子曰, 君子, 和而不同, 小人, 同而不和. -「자로(子路)」편, 23장

74. 착한 사람을 알아보는 법

子貢, 問曰, 鄕人, 皆好之, 何如. 子曰, 未可也. 鄕人, 皆惡之, 何如. 子曰, 未可也, 不如鄕人之善者, 好之, 其不善者, 惡之. -「자로(子路)」편, 24장

75. 사회가 혼란스러울 때는 말을 공손하게 해야 한다
子曰, 邦有道, 危言危行, 邦無道, 危行言孫. -「헌문(憲問)」편, 4장

76. 가난한 사람의 어려움에 공감해야 한다
子曰, 貧而無怨, 難, 富而無驕, 易. -「헌문(憲問)」편, 11장

77. 현명한 사람은 남의 마음을 미리 알려고 하지 않는다
子曰, 不逆詐, 不億不信, 抑亦先覺者, 是賢乎. -「헌문(憲問)」편, 33장

78. 먼저 실행해보고 말을 하는 것이 좋다
子曰, 君子, 恥其言而過其行. -「헌문(憲問)」편, 29장

79. 현재에 안주하지 마라
子曰, 人無遠慮, 必有近憂. -「위령공(衛靈公)」편, 11장

80. 나와 남 모두에게 도움이 되는 태도
子曰, 躬自厚而薄責於人, 則遠怨矣. -「위령공(衛靈公)」편, 14장

81. 어떻게 할 수 없는 사람
子曰, 不曰如之何如之何者, 吾末如之何也已矣. -「위령공(衛靈公)」편, 15장

82. 좋은 결과를 얻을 수 없는 사람
子曰, 群居終日, 言不及義, 好行小慧, 難矣哉. -「위령공(衛靈公)」편, 16장

83. 윗사람에게 필요한 덕목
子曰, 君子, 不以言擧人, 不以人廢言. -「위령공(衛靈公)」편, 22장

84. 일을 할 때 명심해야 하는 것
子曰, 巧言, 亂德, 小不忍, 則亂大謀. -「위령공(衛靈公)」편, 26장

85. 사람은 직접 만나보고 판단해야 한다
子曰, 衆惡之, 必察焉, 衆好之, 必察焉. -「위령공(衛靈公)」편, 27장

86. 말은 수단일 뿐이다
子曰, 辭, 達而已矣. -「위령공(衛靈公)」편, 40장

87. 유익한 사람과 해로운 사람의 유형 세 가지
孔子曰, 益者, 三友, 損者, 三友, 友直, 友諒, 友多聞, 益矣, 友便辟, 友善柔, 友便佞, 損矣. -「계씨(季氏)」편, 4장

88. 윗사람이 갖춰야 할 덕목 다섯 가지
子張, 問仁於孔子, 孔子曰, 能行五者於天下, 爲仁矣. 請問之, 曰, 恭寬信敏惠, 恭則不侮, 寬則得衆, 信則人任焉, 敏則有功, 惠則足以使人.

-「양화(陽貨)」편, 6장

89. 성정이나 능력을 가지고 사람을 차별하면 안 된다
子夏之門人, 問交於子張, 子張曰, 子夏, 云何. 對曰, 子夏曰, 可者, 與之, 其不可者, 拒之. 子張曰, 異乎吾所聞. 君子, 尊賢而容衆, 嘉善而矜不能, 我之大賢與, 於人, 何所不容, 我之不賢與, 人將拒我, 如之何其拒人也.

-「자장(子張)」편, 3장

90. 잘못을 하면 비난받지만, 고치면 존경받을 수도 있다
子貢曰, 君子之過也, 如日月之食焉. 過也, 人皆見之, 更也, 人皆仰之.

-「자장(子張)」편, 19장

2장 맹자

01. 사람을 살리는 정치를 해야 한다

梁惠王曰, 寡人, 願安承教. 孟子對曰, 殺人以梃與刃, 有以異乎. 曰, 無以異也. 以刃與政, 有以異乎. 曰, 無以異也. 曰, 庖有肥肉, 廐有肥馬, 民有飢色, 野有餓莩, 此, 率獸而食人也. 獸相食, 且人, 惡之, 爲民父母, 行政, 不免於率獸而食人, 惡在其爲民父母也. 仲尼曰, 始作俑者, 其無後乎, 爲其象人而用之也, 如之何其使斯民飢而死也. -「양혜왕(梁惠王)」상편, 4장

02. 백성과 함께 소유하기

齊宣王, 問曰, 文王之囿, 方七十里, 有諸. 孟子對曰, 於傳, 有之. 曰, 若是其大乎. 曰, 民猶, 以爲小也, 曰, 寡人之囿, 方四十里, 民, 猶以爲大, 何也. 曰, 文王之囿, 方七十里, 芻蕘者, 往焉, 雉兔者, 往焉, 與民同之, 民, 以爲小, 不亦宜乎. 臣, 始至於境, 問國之大禁然後, 敢入, 臣, 聞郊關之內, 有囿, 方四十里, 殺其麋鹿者, 如殺人之罪, 則是方四十里, 爲阱於國中, 民, 以爲大, 不亦宜乎. -「양혜왕(梁惠王)」하편, 2장

03. 지도자는 백성의 즐거움과 걱정을 함께해야 한다

齊宣王, 見孟子於雪宮, 王曰, 賢者, 亦有此樂乎. 孟子對曰, 有, 人不得則非其上矣. 不得而非其上者, 非也, 爲民上而不與民同樂者, 亦非也. 樂民之樂者, 民亦樂其樂, 憂民之憂者, 民亦憂其憂, 樂以天下, 憂以天下, 然而不王者, 未之有也. -「양혜왕(梁惠王)」하편, 4장

04. 가장 먼저 돌봐야 할 사람들은 누구인가?

王曰, 王政, 可得聞與. 對曰, 昔者文王之治岐也, 耕者, 九一, 仕者, 世祿, 關市, 譏而不征, 澤梁, 無禁, 罪人, 不孥, 老而無妻曰鰥, 老而無夫曰寡, 老而無子曰獨, 幼而無父曰孤, 此四者, 天下之窮民而無告者, 文王, 發政施仁, 必先斯四者, 詩云, 哿矣富人, 哀此煢獨. -「양혜왕(梁惠王)」하편, 5장

05. 일은 전문가에게 맡겨야 한다

孟子, 見齊宣王曰, 爲巨室則必使工師, 求大木, 工師, 得大木則王, 喜, 以爲能勝其任也, 匠人, 斲而小之則王, 怒, 以爲不勝其任矣, 夫人, 幼而學之, 壯而欲行之, 王曰 姑舍女, 所學, 而從我, 則何如. 今有璞玉於此, 雖萬鎰, 必使玉人彫琢之, 至於治國家, 則曰, 姑舍女, 所學, 而從我, 則何以異於敎玉人彫琢玉哉. -「양혜왕(梁惠王)」하편, 9장

06 어진 정치를 베풀면 백성은 나라에 충성을 다한다

鄒與魯鬨, 穆公, 問曰, 吾有司死者, 三十三人, 而民, 莫之死也, 誅之則不可勝誅, 不誅則疾視其長上之死而不救, 如之何則可也. 孟子對曰, 凶年饑歲, 君之民, 老弱, 轉乎溝壑, 壯者, 散而之四方者, 幾千人矣, 而君之倉廩, 實, 府庫, 充, 有司, 莫以告, 是, 上慢而殘下也, 曾子曰, 戒之戒之. 出乎爾者, 反乎爾者也, 夫民, 今而後, 得反之也, 君無尤焉. 君行仁政, 斯民, 親其上, 死其長矣. -「양혜왕(梁惠王)」하편, 12장

07. 정직해야 큰 용기를 지닐 수 있다

昔者, 曾子, 謂子襄曰, 子, 好勇乎. 吾嘗聞大勇於夫子矣, 自反而不縮, 雖褐寬博, 吾不惴焉, 自反而縮, 雖千萬人, 吾往矣. -「공손추(公孫丑)」상편, 2장

08. 미리 기대하면 좋은 결과를 얻을 수 없다

必有事焉而勿正, 心勿忘, 勿助長也, 無若宋人然. 宋人, 有閔其苗之不長

而揠之者, 芒芒然歸, 謂其人曰, 今日, 病矣. 予, 助苗長矣, 其子, 趨而往視之, 苗則槁矣. 天下之不助苗長者, 寡矣, 以爲無益而舍之者, 不耘苗者也, 助之長者, 揠苗者也, 非徒無益, 而又害之. 「공손추(公孫丑)」상편, 2장

09. 네 가지 나쁜 말을 알아채야 하는 이유
何謂知言. 曰, 詖辭, 知其所蔽, 淫辭, 知其所陷, 邪辭, 知其所離, 遁辭, 知其所窮, 生於其心, 害於其政, 發於其政, 害於其事. 「공손추(公孫丑)」상편, 2장

10. 덕이 있어야 따르는 이들이 있다
孟子曰, 以力服人者, 非心服也, 力不贍也, 以德服人者, 中心, 悅而誠服也, 如七十子之服孔子也. 「공손추(公孫丑)」상편, 3장

11. 화와 복은 모두 내 언행의 결과물이다
禍福, 無不自己求之者. 詩云, 永言配命, 自求多福, 太甲, 曰, 天作孼, 猶可違, 自作孼, 不可活, 此之謂也. - 「공손추(公孫丑)」상편, 4장

12. 리더에게는 존중할 수 있는 아랫사람이 필요하다
故將大有爲之君, 必有所不召之臣. 欲有謀焉則就之, 其尊德樂道, 不如是, 不足與有 「공손추(公孫丑)」하편, 2장

12. 일정한 직업이 없으면 나쁜 마음이 고개를 든다
民之爲道也, 有恒産者, 有恒心, 無恒産者, 無恒心, 苟無恒心, 放辟邪侈, 無不爲已, 及陷乎罪然後, 從而刑之, 是, 罔民也, 焉有仁人, 在位, 罔民, 而可爲也. 是故, 賢君, 必恭儉, 禮下, 取於民, 有制. - 「등문공(滕文公)」상편, 3장

13. 내가 먼저 권력자를 찾아가지 않는다
曾子曰 脅肩諂笑, 病于夏畦, 子路曰, 未同而言, 觀其色, 赧赧然. 非由之所

知也, 由是觀之, 則君子之所養, 可知已矣. -「등문공(滕文公)」하편, 7장

14. 좋은 결과를 얻지 못하면 먼저 나를 반성해야 한다
孟子曰, 愛人不親, 反其仁, 治人不治, 反其智, 禮人不答, 反其敬. 行有不得者, 皆反求諸己, 其身, 正而天下, 歸之. -「이루(離婁)」상편, 4장

15. 모든 문제는 바깥이 아닌 내부에 있다
夫人必自侮然後, 人, 侮之, 家必自毁而後, 人, 毁之, 國必自伐而後, 人, 伐之. -「이루(離婁)」상편, 8장

16. 자포자기하는 사람과는 함께 일할 수 없다
孟子曰, 自暴者, 不可與有言也, 自棄者, 不可與有爲也, 言非禮義, 謂之自暴也, 吾身不能居仁由義, 謂之自棄也. 仁, 人之安宅也, 義, 人之正路也, 曠安宅而弗居, 舍正路而不由, 哀哉. -「이루(離婁)」상편, 10장

17. 성실해야 남의 마음을 움직일 수 있다
孟子曰, 居下位而不獲於上, 民不可得而治也. 獲於上, 有道, 不信於友, 弗獲於上矣. 信於友, 有道, 事親弗悅, 弗信於友矣. 悅親, 有道, 反身不誠, 不悅於親矣. 誠身, 有道, 不明乎善, 不誠其身矣. 是故, 誠者, 天之道也, 思誠者, 人之道也. 至誠而不動者, 未之有也, 不誠, 未有能動者也. -「이루(離婁)」상편, 12장

18. 공손함과 겸손함은 말로 얻을 수 있는 게 아니다
孟子曰, 恭者, 不侮人, 儉者, 不奪人, 侮奪人之君, 惟恐不順焉, 惡得爲恭儉. 恭儉, 豈可以聲音笑貌爲哉. -「이루(離婁)」상편, 16장

19. 부모와 자식은 서로에게 '잘하라'고 요구하지 않아야 한다

公孫丑曰, 君子之不敎子, 何也. 孟子曰 勢不行也, 敎者, 必以正, 以正不行, 繼之以怒, 繼之以怒, 則反夷矣, 夫子, 敎我以正, 夫子, 未出於正也, 則是父子相夷也, 父子相夷則惡矣. 古者, 易子而敎之. 父子之間, 不責善, 責善則離, 離則不祥, 莫大焉. - 「이루(離婁)」 상편, 18장

20. 남의 칭찬이나 비난에 일희일비할 필요가 없다

孟子曰, 有不虞之譽, 有求全之毁. - 「이루(離婁)」 상편, 21장

21. 가르치려 드는 태도는 내 발전에 도움이 되지 않는다

孟子曰, 人之患, 在好爲人師. - 「이루(離婁)」 상편, 23장

22. 정치인은 근본적인 문제를 해결하는 사람

子産, 聽鄭國之政, 以其乘輿, 濟人於溱洧, 孟子曰, 惠而不知爲政. 歲十一月, 徒杠, 成, 十二月, 輿梁, 成, 民未病涉也. 君子, 平其政, 行辟人, 可也, 焉得人人而濟之. 故, 爲政者, 每人而悅之, 日亦不足矣.

 - 「이루(離婁)」 하편, 2장

23. 헛된 마음이 없어야 좋은 일을 할 수 있다

孟子曰 人有不爲也而後, 可以有爲. - 「이루(離婁)」 하편, 8장

24. 명성에 걸맞은 실력을 갖추지 못하면 결국 도태된다

徐子曰, 仲尼, 亟稱於水曰, 水哉水哉, 何取於水也. 孟子曰, 原泉, 混混, 不舍晝夜, 盈科而後, 進, 放乎四海, 有本者, 如是. 是之取爾. 苟爲無本, 七八月之間, 雨集, 溝澮, 皆盈, 其涸也, 可立而待也, 故, 聲聞過情, 君子, 恥之. - 「이루(離婁)」 하편, 18장

25. 좋은 일도 지나치게 하는 것은 옳지 않다

孟子曰, 可以取, 可以無取, 取, 傷廉, 可以與, 可以無與, 與, 傷惠, 可以死, 可以無死, 死, 傷勇. - 「이루(離婁)」하편, 23장

26. 내 잘못이 없으면 나를 탓할 필요가 없다

仁者, 愛人, 有禮者, 敬人, 愛人者, 人恒愛之, 敬人者, 人恒敬之. 有人於此, 其待我以橫逆則君子, 必自反也, 我必不仁也, 必無禮也. 此物, 奚宜至哉. 其自反而仁矣, 自反而有禮矣, 其橫逆, 由是也, 君子, 必自反也, 我必不忠. 自反而忠矣, 其橫逆, 由是也, 君子曰, 此亦妄人也已矣. 如此則與禽獸奚擇哉. 於禽獸, 又何難焉. - 「이루(離婁)」하편, 28장

27. 구차하게 부유함과 높은 지위를 얻으려 하지 마라

齊人, 有一妻一妾而處室者, 其良人, 出則必饜酒肉而後, 反, 其妻, 問所與飮食者則盡富貴也. 其妻, 告其妾曰, 良人, 出則必饜酒肉而後, 反, 問其與飮食者, 盡富貴也, 而未嘗有顯者來, 吾將瞯良人之所之也, 蚤起, 施從良人之所之, 徧國中, 無與立談者, 卒之東郭墦間之祭者, 乞其餘, 不足, 又顧而之他, 此其爲饜足之道也. 其妻, 歸告其妾曰, 良人者, 所仰望而終身也, 今若此, 與其妾, 訕其良人而相泣於中庭, 而良人, 未之知也, 施施從外來, 驕其妻妾. 由君子觀之, 則人之所以求富貴利達者, 其妻妾, 不羞也而不相泣者, 幾希矣. - 「이루(離婁)」하편, 33장

28. 글의 뜻을 이해하려면 작가의 의도를 헤아려야 한다

故, 說詩者, 不以文害辭, 不以辭害志, 以意逆志, 是爲得之, 如以辭而已矣, 雲漢之詩, 曰, 周餘黎民, 靡有孑遺, 信斯言也, 是, 周無遺民也.

- 「만장(萬章)」상편, 4장

29. 나부터 깨끗해야 세상을 바로잡을 수 있다

吾, 未聞枉己而正人者也, 況辱己以正天下者乎. 聖人之行, 不同也. 或遠, 或近, 或去, 或不去, 歸, 潔其身而已矣. -「만장(萬章)」 상편, 7장

30. 자신을 바로 세운 사람은 너그러워진다

柳下惠, 不羞汚君, 不辭小官, 進不隱賢, 必以其道, 遺佚而不怨, 阨窮而不憫, 與鄕人處, 由由然不忍去也, 爾爲爾, 我爲我, 雖袒裼裸裎於我側, 爾焉能浼我哉, 故, 聞柳下惠之風者, 鄙夫, 寬, 薄夫, 敦. -「만장(萬章)」 하편, 1장

31. 이상적인 교제는 상대의 훌륭한 점을 배우는 것이다

萬章, 問曰, 敢問友. 孟子曰, 不挾長, 不挾貴, 不挾兄弟而友, 友也者, 友其德也, 不可以有挾也. -「만장(萬章)」 하편, 3장

32. 주어진 자리에서 맡은 바 업무에 충실하라

位卑而言高, 罪也, 立乎人之本朝而道不行, 恥也. -「만장(萬章)」 하편, 5장

33. 배우는 사람에게 필요한 마음가짐

孟子, 謂萬章曰, 一鄕之善士, 斯友一鄕之善士, 一國之善士, 斯友一國之善士, 天下之善士, 斯友天下之善士. 以友天下之善士, 爲未足, 又尙論古之人, 頌其詩, 讀其書, 不知其人, 可乎. 是以, 論其世也, 是尙友也. -「만장(萬章)」 하편, 8장

34. 성과는 머리가 아닌 의지의 문제

今夫奕之爲數, 小數也, 不專心致志, 則不得也, 奕秋, 通國之善奕者也. 使奕秋, 誨二人奕, 其一人, 專心致志, 惟奕秋之爲聽, 一人, 雖聽之, 一心, 以爲有鴻鵠, 將至, 思援弓繳而射之, 雖與之俱學, 弗若之矣, 爲是其智, 弗若與. 曰, 非然也. -「고자(告子)」 상편, 9장

35. 삶과 죽음보다 중요한 것

生亦我所欲也, 義亦我所欲也, 二者, 不可得兼, 舍生而取義者也. 生亦我所欲, 所欲, 有甚於生者. 故, 不爲苟得也, 死亦我所惡, 所惡, 有甚於死者. 故, 患有所不辟也. 如使人之所欲, 莫甚於生, 則凡可以得生者, 何不用也, 使人之所惡, 莫甚於死者, 則凡可以辟患者, 何不爲也. 由是, 則生而有不用也, 由是, 則可以辟患而有不爲也. 是故, 所欲, 有甚於生者, 所惡, 有甚於死者. -「고자(告子)」 상편, 10장

36. 남이 주는 것은 내 것이 될 수 없다

孟子曰, 欲貴者, 人之同心也, 人人, 有貴於己者, 弗思耳. 人之所貴者, 非良貴也, 趙孟之所貴, 趙孟, 能賤之. 詩云, 旣醉以酒, 旣飽以德, 言飽乎仁義也. 所以不願人之膏粱之味也, 令聞廣譽, 施於身, 所以不願人之文繡也. -「고자(告子)」 상편, 17장

37. 두 가지 불효

親之過, 大而不怨, 是, 愈疏也, 親之過, 小而怨, 是, 不可磯也, 愈疏, 不孝也, 不可磯, 亦不孝也. -「고자(告子)」 하편, 3장

38. 고난은 몸과 마음을 단련시키고 힘을 기르게 한다

故, 天將降大任於是人也, 必先苦其心志, 勞其筋骨, 餓其體膚, 空乏其身, 行拂亂其所爲, 所以動心忍性, 曾益其所不能. 人恒過然後, 能改, 困於心, 衡於慮而後, 作, 徵於色, 發於聲而後, 喩. 入則無法家拂士, 出則無敵國外患者, 國恒亡. 然後, 知生於憂患而死於安樂也. -「고자(告子)」 하편, 15장

39. 가족을 사랑하는 마음을 남에게도 베풀어 보자

孟子曰, 行之而不著焉, 習矣而不察焉. 終身由之而不知其道者, 衆也.

-「진심(盡心)」 상편, 5장

40. 남의 마음을 내 마음처럼 헤아린다면

孟子曰, 無爲其所不爲, 無欲其所不欲, 如此而已矣. -「진심(盡心)」 상편, 17장

41. 백성이 부유하고 넉넉한 인심을 갖게 하려면

孟子曰, 易其田疇, 薄其稅斂, 民可使富也. 食之以時, 用之以禮, 財不可勝用也. 民非水火, 不生活, 昏暮, 叩人之門戶, 求水火, 無弗與者, 至足矣, 聖人, 治天下, 使有菽粟, 如水火, 菽粟, 如水火, 而民, 焉有不仁者乎.

-「진심(盡心)」 상편, 23장

42. 사람을 깊이 살핀 후에 상벌을 써야 한다

孟子曰, 於不可已而已者, 無所不已, 於所厚者薄, 無所不薄也. 其進, 銳者, 其退, 速. -「진심(盡心)」 상편, 44장

43. 상대가 중시하는 것이 무엇인지 알려면

孟子曰, 好名之人, 能讓千乘之國, 苟非其人, 簞食豆羹, 見於色.

-「진심(盡心)」 하편, 11장

44. 군주의 세 가지 보물

孟子曰, 諸侯之寶, 三, 土地, 人民, 政事, 寶珠玉者, 殃必及身.

-「진심(盡心)」 하편, 28장

45. 말을 해야 할 때와 하지 말아야 할 때를 구분하기

士, 未可以言而言, 是, 以言餂之也. 可以言而不言, 是, 以不言餂之也, 是皆穿踰之類也. -「진심(盡心)」 하편, 31장

46. 괴롭게 사는 사람이 많은 이유

孟子曰, 言近而指遠者, 善言也, 守約而施博者, 善道也, 君子之言也, 不下

帶而道, 存焉. 君子之守, 修其身而天下, 平. 人病, 舍其田而芸人之田, 所求於人者, 重, 而所以自任者, 輕. 「진심(盡心)」하편, 32장

47. 마음을 다스리려면 욕심을 줄여야 한다
孟子曰, 養心, 莫善於寡欲, 其爲人也, 寡欲, 雖有不存焉者, 寡矣, 其爲人也, 多欲, 雖有存焉者, 寡矣. 「진심(盡心)」하편, 35장

3장 대학

1. 세상이 돌아가는 원리에 접근하는 방법
物有本末, 事有終始, 知所先後, 則近道矣. 「경(經)」1장

2. 나부터 바른 사람이 되어야 한다
自天子以至於庶人, 壹是皆以修身爲本. 「경(經)」1장

3. 일에는 순서가 있다
其本, 亂而末治者, 否矣, 其所厚者, 薄, 而其所薄者, 厚, 未之有也.
- 「경(經)」1장

4. 자신을 닦는 일을 멈춰서는 안 된다
湯之盤銘, 曰, 苟日新, 日日新, 又日新. 「전(傳)」2장

5. 사람은 예의와 즐거움이 넘치는 곳에서 잘 살 수 있다
詩云, 緡蠻黃鳥, 止于丘隅, 子曰, 於止, 知其所止, 可以人而不如鳥乎.
「전(傳)」3장

5. 처지에 맞는 행동을 하는 사람은 모든 사람에게 존경받는다
詩云, 穆穆文王, 於緝熙敬止, 爲人君, 止於仁, 爲人臣앤, 止於敬, 爲人子,
止於孝, 爲人父, 止於慈, 與國人交, 止於信. 「전(傳)」3장

6. 정성을 다해 내면 수양을 해야 하는 이유
詩云, 瞻彼淇澳, 菉竹猗猗. 有斐君子, 如切如磋, 如琢如磨. 瑟兮僩兮, 赫兮喧兮, 有斐君子, 終不可諠兮, 如切如磋者, 道學也, 如琢如磨者, 自修也, 瑟兮僩兮者, 恂慄也, 赫兮喧兮者, 威儀也, 有斐君子終不可諠兮者, 道盛德至善, 民之不能忘也. -「전(傳)」3장

7. 자신을 속이지 않아야 법 없이 살 수 있다
子曰, 聽訟, 吾猶人也, 必也使無訟乎, 無情者, 不得盡其辭, 大畏民志, 此謂知本. -「전(傳)」4장

8. 좋은 사람이 되려면 자신을 속이지 않는 일부터 시작해야 한다
所謂誠其意者, 毋自欺也, 如惡惡臭, 如好好色, 此之謂自謙, 故, 君子, 必愼其獨也. -「전(傳)」6장

9. 혼자 있을 때도 생각과 행동을 조심해야 하는 이유
小人, 閒居, 爲不善, 無所不至, 見君子而后, 厭然揜其不善, 而著其善, 人之視己, 如見其肺肝然, 則何益矣. 此謂誠於中, 形於外, 故, 君子, 必愼其獨也. -「전(傳)」6장

10. 속마음은 숨길 수 없다
曾子曰, 十目所視, 十手所指, 其嚴乎. -「전(傳)」6장

11. 덕은 나를 윤택하게 한다
富潤屋, 德潤身. 心廣體胖, 故, 君子, 必誠其意. -「전(傳)」6장

12. 마음을 바르게 하려면
所謂修身, 在正其心者, 身有所忿懥則不得其正, 有所恐懼則不得其正,

有所好樂則不得其正, 有所憂患則不得其正. -「전(傳)」7장

13. 마음을 두어야 결과를 얻을 수 있다
心不在焉, 視而不見, 聽而不聞, 食而不知其味. -「전(傳)」7장

14. 편파적인 태도를 버리려는 노력이 필요한 이유
所謂齊其家, 在修其身者, 人, 之其所親愛而辟焉, 之其所賤惡而辟焉, 之其所畏敬而辟焉, 之其所哀矜而辟焉, 之其所敖惰而辟焉, 故, 好而知其惡, 惡而知其美者, 天下, 鮮矣. -「전(傳)」8장

15. 판단력을 흐리게 하는 것
故, 諺, 有之, 曰, 人, 莫知其子之惡, 莫知其苗之碩. -「전(傳)」9장

16. 정치의 바탕을 이루는 마음
康誥, 曰, 如保赤子, 心誠求之, 雖不中, 不遠矣, 未有學養子而后, 嫁者也. -「전(傳)」9장

17. 남을 깨우쳐 주려면 먼저 나를 점검해야 한다
其所令, 反其所好, 而民, 不從, 是故, 君子, 有諸己而後, 求諸人, 無諸己而後, 非諸人, 所藏乎身, 不恕, 而能喩諸人者, 未之有也. -「전(傳)」9장

18. 남과 좋은 관계를 유지하는 비결
所惡於上, 毋以使下, 所惡於下, 毋以事上, 所惡於前, 毋以先後, 所惡於後, 毋以從前, 所惡於右, 毋以交於左, 所惡於左, 毋以交於右, 此之謂絜矩之道. -「전(傳)」10장

19. 나라를 보존하는 비결
詩云, 殷之未喪師, 克配上帝, 儀監于殷. 峻命不易, 道得衆則得國, 失衆則失國. -「전(傳)」10장

20. 군주에게 재물이 모이면 사람이 흩어진다
君子, 先愼乎德, 有德, 此有人, 有人, 此有土, 有土, 此有財, 有財, 此有用. 德者, 本也, 財者, 末也, 外本內末, 爭民施奪. 是故, 財聚則民散, 財散則民聚. -「전(傳)」10장

21. 지도자는 먼저 사람의 마음을 헤아리고 행동해야 한다
是故, 言悖而出者, 亦悖而入, 貨悖而入者, 亦悖而出. -「전(傳)」10장

22. 재능이 있는 사람보다 포용력이 있는 사람을 써야 하는 이유
秦誓, 曰, 若有一个臣, 斷斷兮, 無他技, 其心, 休休焉, 其如有容焉. 人之有技, 若己有之, 人之彦聖, 其心好之, 不啻若自其口出, 寔能容之. 以能保我子孫黎民, 尙亦有利哉. 人之有技, 媢疾以惡之, 人之彦聖, 而違之, 俾不通, 寔不能容. 以不能保我子孫黎民, 亦曰殆哉. -「전(傳)」10장

23. 사람을 쓰거나 내칠 때 유념해야 하는 것
見賢而不能擧, 擧而不能先, 命也, 見不善而不能退, 退而不能遠, 過也. -「전(傳)」10장

4장
중용

1. 도는 추상적인 철학이 아니라 일상의 규범이다
道也者, 不可須臾離也, 可離, 非道也. 是故, 君子, 戒愼乎其所不睹, 恐懼乎其所不聞. -「1장」

2. 남이 나를 본다는 생각을 지니고 행동하는 게 좋다
莫見乎隱, 莫顯乎微, 故, 君子, 愼其獨也. -「1장」

3. 마음의 중심을 잡고 남과 조화를 이루는 일
喜怒哀樂之未發, 謂之中, 發而皆中節, 謂之和, 中也者, 天下之大本也, 和也者, 天下之達道也. -「1장」

4. 강한 사람이란 어떤 사람인가?
故, 君子, 和而不流, 强哉矯. 中立而不倚, 强哉矯. 國有道, 不變塞焉, 强哉矯. 國無道, 至死不變, 强哉矯. -「10장」

5. 도(道)는 일상에 깃들어 있는 것
子曰, 道不遠人, 人之爲道而遠人, 不可以爲道. -「13장」

6. 문제의 해결 방법은 가까운 곳에 있다
詩云, 伐柯伐柯, 其則不遠, 執柯以伐柯, 睨而視之, 猶以爲遠, 故, 君子, 以人治人, 改而止. -「13장」

7. 좋은 사람이 되기 위해 필요한 것 네 가지
君子之道, 四, 丘未能一焉, 所求乎子, 以事父, 未能也, 所求乎臣, 以事君, 未能也, 所求乎弟, 以事兄, 未能也, 所求乎朋友, 先施之, 未能也, 庸德之行, 庸言之謹, 有所不足, 不敢不勉, 有餘, 不敢盡, 言顧行, 行顧言, 君子, 胡不慥慥爾. -「13장」

8. 현명한 사람은 지금 할 수 있는 일을 할 뿐이다
君子, 素其位而行, 不願乎其外. 素富貴, 行乎富貴, 素貧賤, 行乎貧賤, 素夷狄, 行乎夷狄, 素患難, 行乎患難, 君子, 無入而不自得焉. -「14장」

9. 남과 어울려 살아가는 지혜
在上位, 不陵下, 在下位, 不援上, 正己而不求於人, 則無怨, 上不怨天, 下不尤人. -「14장」

10. 작은 일을 잘해야 큰일을 할 수 있다
君子之道, 辟如行遠必自邇, 辟如登高必自卑. -「15장」

11. 덕을 지닌 사람은 반드시 합당한 복을 받는다
子曰, 舜, 其大孝也與. 德爲聖人, 尊爲天子, 富有四海之內, 宗廟饗之, 子孫保之. 故, 大德, 必得其位, 必得其祿, 必得其名, 必得其壽. -「17장」

12. 사람의 재능을 가지고 굳이 우열을 가릴 필요는 없다
或生而知之, 或學而知之, 或困而知之, 及其知之, 一也. 或安而行之, 或利而行之, 或勉强而行之, 及其成功, 一也. -「20장」

13. 세상과 나라를 다스리는 데 필요한 세 가지 덕목
子曰, 好學, 近乎知, 力行, 近乎仁, 知恥, 近乎勇, 知斯三者, 則知所以脩身,

知所以脩身, 則知所以治人, 知所以治人, 則知所以治天下國家矣. -「20장」

14. 성실함을 구성하는 다섯 가지 태도
博學之, 審問之, 愼思之, 明辨之, 篤行之. -「20장」

15. 나를 강하게 만드는 마음가짐
有弗學, 學之, 弗能, 弗措也, 有弗問, 問之, 弗知, 弗措也, 有弗思, 思之, 弗得, 弗措也, 有弗辨, 辨之, 弗明, 弗措也, 有弗行, 行之, 弗篤, 弗措也, 人一能之, 己百之, 人十能之, 己千之. 果能此道矣, 雖愚, 必明, 雖柔, 必强.
-「20장」

16. 화를 입지 않고 나를 보전하는 방법
是故, 居上不驕, 爲下不倍. 國有道, 其言, 足以興, 國無道, 其默, 足以容, 詩曰, 旣明且哲, 以保其身, 其此之謂與. -「27장」

17. 재앙을 부르는 세 가지 태도
子曰, 愚而好自用, 賤而好自專, 生乎今之世, 反古之道, 如此者, 烖及其身者也. -「28장」

18. 세상에 명예를 떨치는 사람이 되려면
詩曰, 在彼無惡, 在此無射. 庶幾夙夜, 以永終譽, 君子, 未有不如此而蚤有譽於天下者也. -「29장」

19. 훌륭한 사람이 되기 위해 알아야 할 세 가지
詩曰, 衣錦尙絅, 惡其文之著也. 故, 君子之道, 闇然而日章, 小人之道, 的然而日亡, 君子之道, 淡而不厭, 簡而文, 溫而理, 知遠之近, 知風之自, 知微之顯, 可與入德矣. -「33장」

20. 훌륭한 사람이 명심하는 것

詩云, 潛雖伏矣, 亦孔之昭, 故, 君子, 內省不疚, 無惡於志, 君子之所不可及者, 其唯人之所不見乎. -「33장」

21. 존중받고 신뢰를 얻으려면

詩云, 相在爾室, 尙不愧于屋漏, 故, 君子, 不動而敬, 不言而信. -「33장」

四書 心鏡
사 서 심 경

고전의 지혜로 밝히는 마음 거울

초판 1쇄 발행 2025년 11월 12일

엮은이	김재욱
편집	배소라
디자인	이미경
종이	페이퍼프라이스
인쇄	천광인쇄사

펴낸이	이병열
펴낸곳	스토리두잉
출판등록	제2020-000001호
주소	경기도 고양시 덕양구 백양로 85 동양트레벨II 206호-B292
대표전화	070-7822-3833
전자우편	storydoingk@gmail.com
페이스북	storydoing.books
인스타그램	storydoing.books

ⓒ 김재욱, 2025
ISBN 979-11-986478-4-9 (03140)

- 저작권법에 따라 보호받는 저작물이므로 저작권자의 서면 동의 없이 다른 곳에 옮겨 싣거나 베껴 쓸 수 없으며 전산장치에 저장할 수 없습니다.
- 잘못된 책은 구입처에서 교환해 드립니다.
- 정가는 뒤표지에 있습니다.
- 이 도서는 2025년 문화체육관광부의 '중소출판사 성장부문 제작지원 사업'의 지원을 받아 제작되었습니다.

스토리두잉 삶이 스토리가 되고 스토리가 삶이 되는 콘텐츠 실행자